Mutinerie du Bounty et histoire de l'île Pitcairn, 1790-1894

Rosalind Amélia Jeune

Writat

Cette édition parue en 2024

ISBN : 9789359941707

Publié par
Writat
email : info@writat.com

Contenu

INTRODUCTION.

DE NOMBREUX livres ont été écrits sur l'histoire de l'île de Pitcairn, tandis que des articles de magazines et des croquis de journaux presque innombrables sont parus de temps en temps, traitant de certains aspects de l'île ou de son histoire. Bien qu'il y ait quelques points de désaccord entre les différents auteurs, ils ont pour l'essentiel donné une assez bonne histoire de l'île et de son état il y a de nombreuses années, bien que certaines de leurs déclarations aient été quelque peu exagérées. Qu'il soit inévitable que certaines erreurs se glissent dans de telles histoires peut être clairement démontré par le fait que très peu d'écrivains ont jamais visité l'île, tandis que ceux qui l'ont fait n'y sont restés que peu de temps et n'ont donc pu voir qu'un seul endroit. côté de la vie dans cet endroit isolé.

Le présent ouvrage est écrit par une native de l'île, qui a pratiquement passé toute sa vie sur l'île, quelques années de son enfance n'ayant été passées que sur l'île Norfolk. Bien que sa vie ne couvre pas la moitié de l'histoire de l'île, elle a eu accès pendant de nombreuses années à quelqu'un au moins qui se souvenait des événements survenus avant le début de ce siècle. Le père de l'auteur était le deuxième homme le plus âgé de la communauté au moment de sa mort, en septembre 1893, et était le petit-fils de John Adams, l'un des mutins du *Bounty* , dont la mort a eu lieu en 1829. Elle a ainsi eu le meilleur des avantages pour acquérir une connaissance correcte de l'histoire de l'île.

L'auteur de cette introduction a passé plus de dix-huit mois sur l'île, dont il est parti le 9 février de cette année, et, en ce qui concerne ses observations, estime que les déclarations contenues dans ce livre sont strictement fiables.

L'île, bien qu'elle ne soit qu'un point sur le vaste Pacifique, ne mesurant que deux milles et quart de long sur un mille et demi de large, est un endroit intéressant, et son histoire se lit comme un roman. Sa situation est favorable, étant à environ deux degrés au sud du tropique du Capricorne, c'est pourquoi le temps n'est jamais aussi chaud que dans certaines îles des mers du sud, et n'est jamais froid. De beaux arbres tropicaux, le grand et gracieux cocotier, le banian à large extension, le palmier pandanus et d'autres, couvrent sa surface d'un bout à l'autre. Des brises rafraîchissantes, rafraîchies et humidifiées en passant sur des milliers de kilomètres d'océan, attisent constamment la surface de cette charmante île. On peut honnêtement dire de cette île que

"Chaque prospect plaît."

Les habitants de ce petit Eden sont des métis dont les traits sombres et les cheveux noirs trahissent clairement leur sang tahitien, même si certains d'entre eux ont le teint assez clair et les yeux bleus. Il n'y a actuellement qu'environ cent trente habitants. La gentillesse et l'hospitalité de ce peuple intéressant ont été remarquées par tous ceux qui ont fait escale sur l'île.

Nous pensons que ce petit livre sera lu avec profit et plaisir par tous ceux qui ont la chance d'en obtenir un exemplaire.

EH LES PORTES.

Sainte-Hélène, Californie, 30 juillet 1894.

CHAPITRE I.

Le Bounty et les mutins

VERS la fin du XVIIIe siècle, à une époque où des événements produisant les résultats les plus importants se produisaient parmi certaines des nations de la terre, se posaient inconsciemment les bases d'une histoire qui, dans tous ses points, pourrait égaler, si ne surpasse aucun conte de fiction.

Sous le règne du roi George III d'Angleterre, le gouvernement anglais jugea opportun d'introduire, si possible, le fruit à pain dans ses colonies des Antilles, et à cet effet un navire fut spécialement aménagé et approvisionné. Un petit sloop de guerre, nommé le *Bounty* , fut celui fourni, et ses aménagements internes furent commencés et complétés en vue de transférer, avec le moins de dommages possible, les plantes tendres de leur sol natal.

Le vingt-neuvième jour de décembre 1787, le *Bounty* quitta l'Angleterre, avec l'ordre de se rendre aux îles de la Société, dans le but de se procurer des plants d'arbre à pain, à transporter aux Antilles. Le lieutenant William Bligh fut nommé commandant et environ quarante-cinq personnes, dont un jardinier, composaient l'équipage. Des provisions pour dix-huit mois furent mises à bord.

On peut imaginer les différents sentiments qui possédaient l'esprit des hommes qui laissaient derrière eux ce qu'ils tenaient de plus sacré et de plus cher sur terre ; mais ils étaient sans doute réconfortés par l'idée de revoir un jour leurs chers amis à la maison, lorsque la longue séparation serait terminée. Mais pour le navire et pour une partie de l'équipage, cela n'aurait jamais été le cas, et si les résultats de ce voyage avaient été prévus, on peut se demander combien de ceux qui ont ensuite quitté leur pays natal auraient osé embarquer sur un voyage qui devait être semé d'événements si surprenants par leur nature, et qui devait se terminer si étrangement, que même à ce jour lointain, l'histoire est répétée et écoutée avec un intérêt soutenu, non seulement par les étrangers, mais par les descendants immédiats de les hommes égarés, qui furent eux-mêmes finalement victimes de leurs propres méfaits.

Le voyage s'est accompli en toute sécurité, le *Bounty* étant arrivé à Tahiti au mois d'octobre, l'année qui a suivi son départ d'Angleterre. Six mois ont été passés sur l'île à collecter et à ranger les plantes, l'équipage devenant entre-temps très amical avec les indigènes. Une violente tempête menaçant, le capitaine Bligh jugea prudent de partir. C'était en avril 1789.

Quittant Tahiti, le *Bounty* se rendit à Anamooka, où le capitaine Bligh prit de l'eau, des fruits, des chèvres et autres animaux, et reprit la mer le 26 du même mois. C'est après avoir quitté cette dernière île qu'un certain mécontentement se fit sentir pour la première fois parmi l'équipage. Jusqu'à présent, s'il y avait eu lieu de se plaindre du traitement réservé par le capitaine à ceux qu'il commandait, cela n'avait pas été ouvertement manifesté. Il est maintenant devenu une question d'histoire que William Bligh possédait un tempérament tyrannique et avait fréquemment des malentendus avec ses officiers et ses hommes. Ceci, et le fait que beaucoup de membres de l'équipage avaient noué des relations intimes avec les habitants des îles, les a sans doute amenés à concevoir le projet de s'emparer du navire, après s'être débarrassés des officiers.

Peu de temps avant que la mutinerie n'éclate, l'un des hommes, Fletcher Christian (le second du maître), encourut le mécontentement du capitaine. On raconte que, grâce aux conseils d'un jeune officier qui périt dans le *Pandore*, Christian forma le premier le projet de mutinerie, qui fut exécuté avec tant d'efficacité. Quoi qu'il en soit, la nuit du 28 avril 1789 fut témoin de l'éclatement à bord du *Bounty*, alors que l'équipage mutin s'insurge contre son capitaine. Fletcher Christian, aidé de trois autres hommes, s'assura la personne du capitaine Bligh. Ils entrèrent dans sa cabine et le tirèrent de son lit. Bientôt maîtrisé, ses mains se retrouvèrent derrière lui, le rendant ainsi impuissant entre les mains de ses ravisseurs.

Un bateau avait été préparé pour recevoir le malheureux Bligh et ceux de ses compagnons qui devaient partager son sort, mais la part des provisions qui leur était accordée était très petite. En raison de la petitesse des dimensions du bateau, dix-huit hommes seulement, outre le capitaine, osèrent y confier leur vie. D'autres auraient volontiers accompagné les dix-huit, mais il n'y avait aucune possibilité de trouver de la place dans le bateau, déjà trop plein, et leur seule alternative était de rester à bord avec leurs compagnons égarés. Le bateau contenant les malheureux à la dérive se dirigea bientôt vers l'île de Tofoa, distante d'une trentaine de milles, où un débarquement fut effectué. Les indigènes y montrèrent un esprit résolument hostile et, lorsqu'ils se rendirent compte de la présence des hommes blancs, ils se précipitèrent vers la plage, tirant des flèches et jetant des pierres sur les intrus. Un homme nommé John Norton a été tué. Les dix-huit autres s'empressèrent de se mettre hors de portée de leurs poursuivants et de leurs flèches. Alors commença un voyage accompagné de tant de difficultés et de misère dans la condition exposée des voyageurs que, même aujourd'hui, il force l'admiration et excite l'émerveillement de tous ceux qui l'entendent. Après avoir parcouru plus de douze cents lieues, affrontant toutes sortes de temps, endurant d'horribles souffrances, la faim et la soif, ces hommes atteignirent enfin l'île de Timor, où se trouvait une colonie hollandaise. Ici, le gouverneur leur a montré la plus grande hospitalité et la plus grande gentillesse. Quittant Timor, ils se rendirent à Batavia, où Bligh et certains de ses officiers prirent passage sur un navire à destination de l'Europe. Ils atteignirent finalement l'Angleterre en toute sécurité.

MOORLAND CLOSE, CUMBERLAND, LE LIEU DE NAISSANCE DE FLETCHER CHRISTIAN.

On ne perdit pas de temps pour informer le gouvernement anglais de l'échec désastreux de la mission *du Bounty* et, bien que certains parmi l'équipage qui, au moment de la mutinerie, plaidèrent qu'on ne devait pas leur en imputer la responsabilité, le résultat montra que Bligh n'a pas épargné ceux dont le cœur et les mains étaient innocents de tout tort commis contre lui. Très vite, le *Pandora* , commandé par le capitaine Edwards, un homme dépourvu des sentiments humains de gentillesse et de pitié, fut envoyé à la recherche des hommes qui avaient si volontairement oublié leur devoir. Parmi eux, quatorze seulement furent retrouvés, huit ayant accompagné Fletcher Christian, avec le *Bounty* , et deux d'entre eux ayant été tués par les indigènes de Tahiti peu de temps auparavant. Ces pauvres hommes étaient transportés dans des fers à bord du *Pandora* , où ils étaient placés dans une pièce fermée, avec une petite ouverture pour laisser entrer la lumière et l'air. Enchaîné au sol, exposé au traitement le plus cruel que l'esprit de l'inhumain Edwards puisse concevoir, endurant les privations les plus lourdes et obligé de vivre dans leur tanière infâme au jour le jour sans aucun moyen de le nettoyer, la condition de ces malades peuvent plus facilement être imaginés que décrits.

Dans cette situation cruelle, ils étaient forcés d'exister ; et quand enfin le *Pandora* fit naufrage sur un récif de corail, l'insensible Edwards ne voulut pas écouter les plaintes pitoyables des prisonniers et ne les relâcha pas, même pour leur offrir l'aide qu'ils pourraient apporter en essayant de sauver le navire. Cependant un marin, doté de sentiments humains, ne laissa pas volontiers tant de ses semblables périr ainsi sous ses yeux, et, déployant toutes ses forces, réussit à obtenir leur libération, mais seulement avant que quatre d'entre eux n'aient péri. À bord du navire qui les a finalement transportés en Angleterre, ils ont été traités comme des êtres humains et libérés de leurs chaînes. Parmi ces dix hommes, « quatre ont été acquittés ; l'un d'eux a été relaxé en raison d'une irrégularité dans l'acte d'accusation ; les cinq autres ont été reconnus coupables et condamnés à mort. Parmi eux, deux furent graciés et les trois autres furent exécutés à Spithead, d'où ils avaient embarqué pour leur voyage mouvementé quatre ans auparavant.

CHAPITRE II.

L'arrivée à Pitcairn

PENDANT tout ce temps, où étaient Christian et les autres coupables qui le suivaient ? Après avoir mis à la dérive le bateau contenant Bligh et ses compagnons, Fletcher Christian prend le commandement du *Bounty* et retourne vers Tahiti. Le navire fut d'abord conduit à Toobonai, l'intention des hommes étant de s'y installer ; mais, trouvant l'endroit dépourvu d'animaux, ils allèrent à Tahiti se procurer un cheptel de porcs et de chèvres. Ayant obtenu ce dont ils avaient besoin, ils retournèrent à Toobonai, mais trouvèrent les indigènes hostiles à leur débarquement. Une fois de plus, et pour la troisième et dernière fois, le *Bounty* fut amené à Tahiti, où il était ancré dans la baie de Matavai, le 20 septembre 1789. Seize membres de l'équipage y débarquèrent, emportant avec eux leur part d'armes et d'autres articles à bord du *Bounty* . Ce sont ces hommes, on le comprendra, qui furent découverts et emmenés par *Pandore* , comme le raconte le chapitre précédent.

Laissant à Tahiti la partie de l'équipage qui avait choisi de rester, Christian, accompagné de huit de ses camarades qui décidèrent de partager leur sort avec lui, s'éloigna définitivement de Tahiti. Mais ce nombre n'était pas tout, car six hommes indigènes, dix femmes et une fille de quinze ans furent embarqués comme épouses et servantes, les marins ayant décidé de chercher un endroit où ils pourraient vivre à l'abri du danger de Découverte. On dit que Christian, ayant vu le récit de la découverte d'une île isolée dans l'océan Pacifique, par le capitaine Cartaret, en 1767, dirigea le cap du navire vers cet endroit. Elle a été nommée Pitcairn Island, en hommage au jeune homme qui l'a décrite, étant, comme le raconte l'histoire, le fils du major Pitcairn tombé lors de la bataille de Bunker Hill.

Le vingt-troisième jour de janvier 1790, le *Bounty* atteignit sa destination. L'île, bien que petite, mesurant environ cinq milles de circonférence et à peine plus de deux milles de diamètre à son point le plus large, était couverte d'une épaisse végétation d'arbres luxuriants.

En s'approchant suffisamment pour qu'un bateau puisse s'y aventurer, un petit groupe descendit à terre pour fouiller la terre. Ils effectuèrent un débarquement sur le côté ouest de l'île, mais, constatant qu'à quelques mètres de la mer les rochers s'élevaient perpendiculairement à une hauteur inhospitalière, et pensant trouver un endroit plus pratique pour s'établir, ils firent contourner le navire jusqu'à l'île. côté nord-est de l'île. Ici, ils ont réussi à ramener leur bateau en toute sécurité jusqu'au rivage, à travers des rochers et des brisants périlleux. Il ne fallut pas longtemps pour découvrir que l'île avait été, et était peut-être encore, habitée, et on craignait qu'elle ne soit attaquée par des indigènes hostiles. Les traces d'habitations anciennes, *marais*

, images de pierre, images grossières taillées dans les rochers, haches de pierre, etc., etc., étaient des preuves évidentes que des êtres humains avaient autrefois vécu sur l'île, et en plus de celles-ci, plusieurs crânes humains. et d'autres os ont été vus par la suite.

Au fur et à mesure que les jours passaient et que personne ne semblait les agresser, les mutins commencèrent à se sentir plus en sécurité et des préparatifs furent faits pour une installation permanente. Leur réserve d'eau, bien que peu abondante, était suffisante pour leurs besoins, et les plantes apportées avec eux de Tahiti pourraient, avec le temps, subvenir à tous leurs besoins. Mais il faut d'abord détruire toute trace du navire. Elle fut conduite assez près du rivage pour pouvoir être attachée à un arbre au moyen d'une corde. Tout ce qui pouvait servir aux colons fut supprimé. Pour plus de sécurité, un petit enfant a été ramené à terre dans un tonneau, car le lieu d'accostage des bateaux était très dangereux. Lorsque tout fut retiré du navire, il fut incendié et détruit.

Il y en avait parmi les mutins, sinon tous, qui étaient affligés d'être obligés de détruire le navire qui avait été leur résidence si longtemps. Il en était particulièrement ainsi pour John Mills, si le témoignage de sa fille est exact, car elle ne se lassait jamais de raconter à quel point son père était affligé par la destruction du *Bounty*, car il espérait un jour revenir avec elle en Angleterre, même au risque de sa vie. Ces fugitifs de la justice passèrent les premiers jours de leur établissement sur l'île Pitcairn dans des grottes et des tentes en toile, pendant que leurs chaumières étaient en construction. Ici, dans cet endroit solitaire et inhabité, Christian pouvait au moins espérer se cacher, ainsi que ses coupables associés, de la peine extrême de la loi.

Mais aucun degré de sécurité extérieure ne pourrait apporter la paix à un esprit constamment troublé par des pensées auto-accusatrices, ou encore par les reproches d'une conscience accablée de culpabilité et de remords. Pauvres hommes égarés ! Complètement isolés du reste du monde, leur seul moyen de communication détruit, leur condition était extrêmement désespérée. Dans leur situation extérieure, ils étaient assez à l'aise, car ils avaient emporté avec eux suffisamment de choses nécessaires à la vie pour subvenir à leurs besoins jusqu'à ce que la terre puisse produire de nouvelles provisions. Les vêtements qu'ils possédaient devaient être soigneusement conservés et, en ce qui concerne les hommes et les femmes indigènes, la couverture la plus simple leur suffisait. La terre était partagée entre les Anglais, leurs serviteurs indigènes les aidant à cultiver la terre. Le sel était obtenu à partir de petites mares peu profondes situées dans les roches, et ces roches étaient également partagées entre eux.

Pendant deux ans, un certain degré de prospérité a béni leurs efforts, mais on ne pouvait pas s'attendre à ce que la paix et le succès relatifs dont ils ont joui perdurent. Les premiers véritables troubles et perturbations furent causés par l'un des mutins nommé Williams. Sa femme était sortie un jour parmi les falaises à la recherche d'oiseaux marins et d'œufs. Ce faisant, elle est tombée et a été tuée. Williams, voulant une autre femme, demanda et obtint la femme d'un des hommes autochtones. Lésés et indignés par cet acte scandaleux, les indigènes jurèrent de se venger des Anglais, et un complot fut formé pour tous les assassiner. Le secret étant révélé aux femmes, elles le communiquèrent aux Anglais dans le chant suivant :

« Pourquoi l'homme noir aiguise-t-il la hache ?

Pour tuer l'homme blanc.

Et maintenant commence une histoire d'oppression, de trahison et d'effusion de sang, qui constitue la page la plus sombre de l'histoire de cette île. La peur qu'éprouvaient certaines femmes était si constante qu'elles s'arrangeèrent en secret pour construire un radeau grossier, avec l'intention de retourner à Tahiti, ou de se perdre dans cette tentative. Ils laissèrent leur radeau mis à l'eau et s'aventurèrent un peu au-delà des déferlantes ; mais leur cœur leur manqua, et les supplications de quelques-unes des femmes restées sur place, qui avaient découvert leur intention, prévalurent, et ils retournèrent à terre. Les sentiments d'hostilité étaient forts des deux côtés. Les femmes, cependant, se rangèrent entièrement du côté des Anglais. Dans un cas, l'une des femmes a délibérément assassiné son mari, alors qu'ils se trouvaient seuls ensemble dans une grotte où ils vivaient. [1]

[1] C'est à cela que M. Nobbs faisait référence lorsque, plusieurs années plus tard, dans sa chanson intitulée « Pitcairn », il parlait du « fantôme qui persiste encore sur la crête de Tullaloo ». Tullaloo était le nom de cet homme.

Lorsqu'un certain degré de paix fut rétabli et que les soupçons de leurs maîtres furent apaisés, les Tahitiens lésés et opprimés, prenant possession des armes, se jetèrent sur les hommes blancs alors qu'ils travaillaient tranquillement sur leurs parcelles de terre, les chassèrent et les fusillèrent. vers le bas. Fletcher Christian, John Mills, Isaac Martin, William Brown et John Williams ont été tués. William McCoy et Matthew Quintall se sont échappés dans les bois, tandis que John Adams, s'étant d'abord échappé dans les bois, se montrant à nouveau, a été abattu et grièvement blessé. Se reprenant, il s'enfuit de ses poursuivants et, se dirigeant vers les falaises rocheuses, il se serait jeté, mais ceux qui le poursuivaient, par divers signes, montrèrent qu'ils n'avaient plus l'intention de faire de mal. Ainsi rassuré sur sa sécurité, il revint avec eux dans une des maisons, où il fut bien traité. Edward Young, favori des femmes, avait été caché par elles et avait ainsi échappé aux dangers auxquels les autres avaient été exposés. Ainsi, la vie de quatre des neuf mutins a été épargnée. Mais la paix n'était pas encore au rendez-vous. Comment était-ce possible, alors que les hommes et les femmes qui restaient pratiquaient librement tous les vices susceptibles de dégrader la virilité et la féminité. La trahison et l'effusion de sang faisaient toujours rage parmi eux, et personne ne sentait sa vie en sécurité.

LE LIEU D'ATTERRISSAGE, BOUNTY BAY.

L'histoire raconte comment la mort d'un des hommes autochtones s'est produite. C'était avant que quiconque ne soit tué. L'homme, appelé Timiti, avait été accusé de quelque méfait et fut amené devant les Anglais pour être jugé. Christian, selon l'histoire, pendant qu'il jugeait l'affaire, marchait d'avant en arrière au milieu de la société rassemblée pour voir le résultat du procès. Timiti, apprenant trop bien que sa sentence serait la mort, profita du moment où Christian était en train de se retourner, pour faire jaillir la porte ouverte. Avant que ses juges eussent pu se remettre de leur surprise, il était trop loin pour être facilement rattrapé, et ses poursuivants furent obligés de revenir sans lui. Prenant un raccourci vers la mer, il descendit rapidement les falaises abruptes et traversa en courant la côte rocheuse. Nageant à travers des endroits où aucun sentier ne pouvait être trouvé, et marchant le reste du chemin, il atteignit enfin un endroit du côté sud de l'île connu sous le nom de Taowtama. Ici, il réussit à se cacher pendant un moment, jusqu'à ce que quelqu'un l'aperçoive depuis les hauteurs, se livrant à un passe-temps favori, appelé *ihara* (prononcé *e-hurra*).

La nouvelle se répandit bientôt que la cachette de Timiti avait été découverte et un autre indigène, nommé Menálee, fut envoyé pour le sécuriser. Un de ses compagnons l'accompagna également, et bientôt ils arrivèrent sur place. Timiti, soupçonnant une trahison, aurait pris la fuite, mais les deux hommes, par leurs beaux discours et les vivres qu'ils lui avaient apportés, l'ont vite désarmé de ses soupçons. Pour le rassurer davantage, ils lui présentèrent un peigne et le persuadèrent de les laisser se peigner les cheveux. Après l'avoir ainsi attiré en leur pouvoir, le reste fut assez facile, et quelques secondes suffisèrent pour expédier le pauvre garçon.

Après le massacre de Christian et de ses compagnons, les indigènes se tournèrent les uns contre les autres et les quatre Anglais restants, aidés par les veuves des hommes blancs assassinés, se joignirent pour débarrasser l'île de ces « perturbateurs de la paix », de sorte que, dans un avenir proche, peu de temps après que les mutins eurent été tués, tous les hommes indigènes furent également mis à mort.

Au cours de ces scènes choquantes, comment toute impulsion humaine et tout sentiment de bienveillance ont dû être presque éteints ! Pour ajouter aux terribles maux commis, McCoy, qui avait été élevé dans une distillerie, passait une grande partie de son temps à distiller des esprits ardents à partir des racines du *thé* . Quintall l'a aidé, sa « bouilloire étant transformée en alambic ». Ces deux hommes n'ont que trop bien réussi. L'ivresse s'ajoutait à la liste déjà longue des vices et était fréquente. Dans le cas de McCoy, cela apporta sa propre punition, car dans une crise de délire, il se dirigea vers le rivage rocheux et, attachant une pierre autour de son corps, se jeta à la mer. Le cadavre a été retrouvé par une petite fille, fille de John Adams, et a été amené dans la petite colonie et enterré.

Quintall, le compagnon privilégié de McCoy, a trouvé la mort aux mains de ses deux camarades restants. Toujours désordonné et gênant, provoquant une querelle chaque fois qu'il le pouvait et menaçant fréquemment la vie de Young et d'Adams, il devint une terreur constante pour eux. Comme exemple de sa nature féroce, on raconte qu'un jour sa femme partit à la pêche et, ne parvenant pas à obtenir de quoi satisfaire Quintall, il la punit en lui mordant l'oreille. [2] Comme Williams, il a également perdu sa femme, et de la même manière, elle étant tombée des rochers en poursuivant les oiseaux. Indépendamment des conséquences effroyables qui suivirent si rapidement un crime de même nature peu de temps auparavant, Quintall réclama la femme de l'un de ses deux compagnons restants. Leur refus d'accéder à ses exigences l'a déterminé à tenter de mettre à exécution ses menaces si souvent répétées. Adams et Young, sachant que leur vie était en danger, se sont sentis justifiés de mettre fin à la vie de Quintall.

[2] Affirmé comme un fait.

L'occasion se présenta bientôt et un jour, alors qu'il se trouvait dans la maison de John Adams, il fut attaqué et maîtrisé par les deux autres hommes. Au moyen d'une hachette, l'effroyable œuvre de la mort fut bientôt achevée. La fille de John Mills (qui vécut jusqu'à l'âge de quatre-vingt-treize ans), alors jeune fille de huit ou neuf ans, fut témoin oculaire de cet acte horrible et racontait à quel point tous les membres du petit groupe étaient terrifiés. des femmes et des enfants qui voyaient les murs éclaboussés de sang. La scène effroyable est restée clairement gravée dans son esprit et dans sa mémoire pendant plus de quatre-vingts ans.

CHAPITRE III.

Les mutins découverts

Les deux principales causes de troubles et de méfaits étant désormais supprimées, il y avait la perspective de jouir de plus de tranquillité et de paix qu'on n'en avait jamais connu auparavant. Sur les quinze mâles débarqués sur l'île, il n'en restait plus que deux. Ces deux-là, Adams et Young, ayant l'entière responsabilité de la colonie jeune et croissante qui leur incombait, se sont présentés aux exigences de l'affaire. Young était naturellement d'un esprit réfléchi et sérieux, et les scènes dont lui et Adams avaient été témoins et auxquelles ils avaient participé avaient pour effet d'approfondir les impressions sérieuses qui avaient été faites sur eux deux, et ils résolurent de s'entraîner. , tant bien que mal, leurs propres enfants et ceux de leurs malheureux compagnons, dans les chemins de la vertu et du droit. L'éducation supérieure de Young le préparait mieux à cette grave entreprise ; mais il ne survécut pas longtemps à son repentir. Il souffrait depuis longtemps d'asthme et mourut de cette maladie en 1800, environ un an après la mort de Quintall.

John Adams était désormais le seul survivant. Avec un profond et constant repentir pour son ancienne vie, il s'est efforcé de réparer les méfaits des années en inculquant dans l'esprit de la jeune génération montante autour de lui les bons principes. Seul et sans aide dans cette tâche gigantesque, il ne laissa pas son courage échouer dans cette entreprise, et son sérieux, dirigé dans la bonne direction, ne pouvait manquer de remporter un certain succès. Le nombre d'enfants nés des mutins était de vingt-trois. Fletcher Christian a laissé trois enfants ; John Mills, deux ans ; William McCoy, trois ans ; Matthew Quintall, cinq ans ; Edward Young, six ans; et John Adams, quatre. John Williams, un Français, Isaac Martin, un Américain et William Brown, un Anglais, n'ont laissé aucun enfant.

John Adams avait l'habitude de raconter que c'est sous l'influence d'un rêve qu'il fut pour la première fois amené à réfléchir sérieusement à la condition des jeunes impuissants et ignorants qui étaient si soudainement et inopinément laissés entre ses mains, et à prendre conscience de la lourde responsabilité que reposait sur lui, comme le seul instructeur disponible pour eux, même s'il était totalement inapte à cette tâche. C'était un début tardif, mais il s'est engagé dans le travail de tout son cœur. Une Bible et un livre de prières sauvés du *Bounty* étaient les seuls moyens dont il disposait pour apprendre à lire aux jeunes. Mais, avec la bénédiction de Dieu sur ses humbles efforts, John Adams a eu la satisfaction de voir les enfants issus de parents aussi peu recommandables grandir autour de lui, calmes, paisibles, travailleurs et heureux, et avec un amour croissant pour la vertu et une moralité stricte. Un aspect magnifique de l'ensemble était l'amour qui les unissait en une seule famille sous le contrôle paternel de John Adams. Telles étaient les conditions de vie sur l'île de Pitcairn lorsqu'en 1808, le capitaine Mayhew Folger, du navire américain *Topaz* , découvrit par hasard que l'île était habitée. Ce qui suit est une partie d'une lettre reçue par l'écrivain de M. Robert Folger (un fils du capitaine susmentionné), qui a aimablement donné la permission d'en faire usage. La lettre était datée de Massillon, comté de Stark, Ohio, le 4 août 1882. Après avoir exposé les raisons de son écriture, la lettre procède comme suit : -

« Mon frère, ma sœur et moi-même sommes les seuls enfants survivants du capitaine Mayhew Folger, du navire *Topaz* , de Boston, qui a découvert, en février 1808, la colonie de l'île de Pitcairn. Je n'aime pas qualifier le survivant de l' équipage *du Bounty* sur l'île de mutin, car je ne peux m'empêcher de penser que la cruauté de Bligh envers ses hommes était telle qu'elle justifiait presque tout de la part des gens à bord. .. Je peux maintenant dire que j'ai rassemblé pendant près de vingt-cinq ans des faits concernant l'île de Pitcairn.

« J'ai le propre récit de Bligh sur la mutinerie, « Les Voyages de Delano », le journal de bord de mon père, avec son entrée de sa propre main, daté, si je me souviens bien, du 8 février 1808 ; le livre de Lady Belcher, « Les mutins du *Bounty* » . « - et de nombreuses lettres et publications dans les journaux.

« Si vous désirez une copie du journal de mon père, j'aurai grand plaisir à la transcrire et à vous l'envoyer. Autant dire d'avance que lui, en tant que capitaine de navire, partageait le sentiment général du monde, et des capitaines de navire en particulier, contre le « grand mutin » Christian.

« L'histoire de votre île sera longtemps, je peux dire toujours, une merveille. Durant les soixante années où je m'en souviens, cela a été une merveille, et cela continuera à l'être, car les merveilles ne diminuent pas d'intérêt. Trois quarts de siècle se sont écoulés depuis la découverte de la colonie par le capitaine Mayhew Folger, et l'intérêt pour l'histoire de l'île reste intact. L'île ne peut être mentionnée sans susciter un émerveillement, même dans l'esprit des ignorants, quant à l'histoire des colons, à leur statut actuel et, en fait, à tout ce qui les concerne.

« A propos de la vérité concernant les colons, beaucoup d'erreurs et d'absurdités ont été publiées. *Le Blackwood's Magazine* n'est pas exempt d'avoir participé à la mise à flot des déclarations les plus insensées, qui ont été répétées il y a environ vingt-quatre ans dans ce pays. Très peu de vivants peuvent entrer dans l' *esprit* de l'histoire de Pitcairn et, ce qui est pour moi le plus singulier et le plus inexplicable, un grand nombre d'historiens potentiels sont en train d'exprimer des prétentions des plus insensées pour corriger l'histoire de l'île, depuis de l'arrivée du *Bounty* jusqu'à l'arrivée du *Topaz* - une période de vingt ans pendant laquelle on ne savait rien, ni ne pouvait être connu, de l'île, ni jusqu'à l'arrivée du *Topaz* en février 1808.

« Vous avez sans aucun doute eu accès au récit de la mutinerie du capitaine Bligh, ainsi qu'aux « Voyages de Delano », publiés en 1817, dans lesquels se trouvent deux lettres du capitaine Folger, une au capitaine Delano et une aux seigneurs de la Amirauté, RN, et qui leur fut reçu par l'intermédiaire du contre-amiral Hotham, qui, en 1813, commandait, je crois, l'escadron de blocus anglais sur notre côte pendant la guerre de 1812. Amiral Hotham que mon père a envoyé la boussole d'azimut, et il y a cinq ans, j'ai remarqué dans une publication (je ne peux pas dire laquelle) que la marine de Sa Majesté avait obtenu le chronomètre *du Bounty* , qui avait été pris à mon père à Valparaiso lorsque son navire a été confisqué par le gouverneur espagnol du Chili alors qu'il atteignait la côte sud-américaine, après avoir visité l'île de Pitcairn.

« Comme votre grand-père, M. Buffett, mentionne les « Voyages de Delano », je suppose que vous aussi avez lu ce livre curieux à bien des égards. Pour l'essentiel, la partie qui fait référence à mon père est correcte. Le capitaine Delano a rendu visite à mon père à Kendal en 1817.... En lisant le livre de M. Delano, vous trouverez une lettre aux seigneurs de l'Amirauté datée de Kendal.... Si je devais écrire une histoire de l'île, je pourrais donnez une déclaration chronologique qui serait correcte et critique, car je pense avoir dans ma bibliothèque toutes les dates depuis la découverte de l'île en 1767, par le capitaine Cartaret, du navire HBM *Swallow* , jusqu'à nos jours....

« Depuis que j'ai écrit ce qui précède, j'ai décidé de copier toutes les entrées du journal de bord de mon père dans lesquelles l'île est mentionnée...

"'Navire *Topaz* , de Boston, maître Mayhew Folger, en voyage de phoque vers l'océan Pacifique Sud, 1808.

« 'Samedi 6 février. — Première partie d'air léger à l'est, direction ouest par sud, moitié sud au compas. À une heure et demie, PM a vu la terre se diriger vers le sud-ouest par l'ouest et la moitié ouest. Direction vers la terre avec une légère brise à l'est, ladite terre étant l'île de Pitcairn, découverte en 1767 par le capitaine Cartaret dans le sloop de Sa Majesté britannique *Swallow* . A 2 HEURES DU MATIN, l'île se dirigeait vers le sud à deux lieues de distance. Arrêtez et continuez jusqu'au jour. A 6 HEURES DU MATIN, départ avec deux bateaux pour explorer et chercher des phoques.

BOUNTY BAY DEPUIS LES FALAISES.

« En approchant du rivage, j'ai vu une fumée sur la terre, ce qui m'a été très surpris, elle étant représentée par le capitaine Cartaret comme étant dépourvue d'habitants.

« En m'approchant encore plus près de la terre, j'ai découvert un bateau qui pagayait vers moi avec trois hommes à son bord. En s'approchant d'elle, ils m'appelèrent en anglais, me demandant qui était le capitaine du navire, et m'offrèrent un certain nombre de noix de coco qu'ils avaient emportées en cadeau, et me demandèrent de débarquer, car, comme ils le disaient, , un homme blanc à terre.

« Je suis allé à terre et j'y ai trouvé un Anglais du nom d'Alexander Smith, la seule personne restante sur neuf qui se sont échappés à bord du navire *Bounty*, le capitaine Bligh, sous le commandement de cet archi-mutin, Christian. Smith m'a informé qu'après avoir mis le capitaine Bligh dans la chaloupe et l'avoir envoyée à la dérive, le commandant Christian s'était rendu à Otaheite. Là, tous les mutins ont choisi de s'arrêter, à l'exception de Christian lui-même, Smith et sept autres. Ils prirent tous femme à Otaheite et six hommes comme serviteurs, et se dirigèrent vers l'île de Pitcairn, où ils débarquèrent tous leurs biens et meubles, conduisirent le navire *Bounty* à terre et le démolirent, ce qui eut lieu, d'après ce qu'il pouvait se souvenir. , en 1790. Peu de temps après, un membre de leur groupe devint fou et se noya ; un autre mourut de fièvre, et après qu'ils furent restés environ quatre ans sur l'île, leurs serviteurs se levèrent sur eux et en tuèrent six, ne laissant que Smith en vie, et il fut désespérément blessé, avec une balle de pistolet dans le cou. Cependant, lui et les veuves du défunt se relevèrent et mirent à mort tous les serviteurs, ce qui le laissa le seul homme survivant de l'île, avec huit ou neuf femmes et plusieurs jeunes enfants. Il s'est immédiatement mis au travail pour cultiver la terre, afin qu'elle produise de l'abondance pour tous, et il vit très confortablement en tant que commandant en chef de l'île de Pitcairn. [3]

[3] Il y a une petite différence entre la déclaration du capitaine Folger et les faits réels de ces premiers jours, tels que transmis de génération en génération, par rapport à ceux (en particulier Susanna, la jeune fille de quinze ans originaire de Tahiti) qui furent des témoins oculaires des scènes effroyables. cela s'est produit lorsque l'effusion de sang a suivi la trahison dans leurs relations entre maître et serviteur.

« Tous les enfants des mutins décédés parlent un anglais passable ; certains d'entre eux ont atteint la taille d'un homme ou d'une femme ; et, pour leur rendre justice, je les considère comme un peuple très humain et hospitalier ; et quels qu'aient pu être les erreurs ou les crimes de Smith, le mutin, dans le passé, il est aujourd'hui un homme digne, et peut être utile aux navigateurs qui traversent cet immense océan.

« 'Telle est l'histoire de Christian et de ses associés. Rappelons que cette île est peu approvisionnée en eau douce, de sorte qu'il est impossible à un navire de s'approvisionner. Je le place à 25° 2' de latitude sud et 130° de longitude ouest, d'après ma dernière observation lunaire.

« 'Dimanche 7 février.—Air léger venant de l'est et très chaud. Le navire s'arrêtant de temps en temps, je restai à terre avec le sympathique Smith et ses très bons gens jusqu'à 16 HEURES , puis les quittai et montai à bord et mis les voiles, direction sud-est et sud-est par est, à destination de Massafuero, après avoir reçu du des gens à terre, des porcs, des noix de coco et des plantains. À midi, l'île était orientée nord-ouest par nord au compas à 34 pieds de distance. Observation de latitude 25° 31' sud, etc.'"

Après la découverte accidentelle par le capitaine Folger de la petite colonie de l'île Pitcairn, on n'en connut plus rien pendant près de six ans. En 1814, les navires HM *Briton* et *Tagus* , commandés respectivement par les capitaines Staines et Pipon, en croisière et revenant des Marquises à Valparaiso, passèrent près de l'île. La vue d'un navire était si étrange que lorsque ces deux-là furent aperçus pour la première fois à l'approche de l'île, la jeune femme qui les vit la première courut le faire savoir aux autres en disant que « deux *paafata* [un parquet en bois érigé sur quatre poteaux, sur où était conservée la nourriture pour leurs chèvres] flottaient vers le rivage, avec leurs poteaux tournés à l'envers. Mais l'œil expérimenté de John Adams a vite discerné quels étaient les visiteurs.

Quant aux gens à bord, ils ne furent pas peu surpris de voir depuis leurs navires les terres aménagées en plantations régulières. Les maisons qu'on pouvait voir aussi étaient de construction différente de celles des autres îles qu'ils avaient récemment visitées. Peu de temps après, on aperçut un canot pagayant vers les navires. Au grand étonnement des personnes à bord, les visiteurs du rivage, en s'approchant suffisamment pour parler à ceux du *Briton*, ont crié dans un anglais simple : « Ne voulez-vous pas nous hisser une corde maintenant ? Une corde leur fut lancée et ils furent chaleureusement accueillis à bord.

Le mystère fut expliqué lorsque, interrogés, ils déclarèrent qu'il s'agissait de Thursday October Christian, fils de Fletcher Christian, le mutin, et de George Young, fils de l'aspirant Edward Young. Le premier porte le nom du jour et du mois de sa naissance. Il a été décrit comme un « grand et beau jeune homme d'environ vingt-quatre ans, ses rares vêtements consistant en un gilet, alors qu'il portait un chapeau de paille à larges bords orné de plumes de coq noir ». Son compagnon, George Young, était considéré comme un « beau jeune homme d'apparence noble, âgé de 17 ou 18 ans ». Après avoir été invités ci-dessous et qu'on leur ait servi de la nourriture, ils ont encore plus étonné leurs aimables invités en demandant avec révérence une bénédiction avant de prendre leur nourriture. En réponse à une question, ils répondirent que cette bonne coutume leur avait été enseignée par John Adams. Toutes les gentillesses ont été manifestées envers les deux jeunes hommes, et lorsqu'ils ont été amenés à voir une vache qui se trouvait à bord du navire, ils ont créé un certain amusement en demandant si l'animal était « une énorme chèvre ou une truie à cornes ».

The linked image cannot be displayed. The file may have been moved, renamed, or deleted. Verify that the link points to the correct file and location.

JEUDI OCTOBRE CHRÉTIEN.

Le capitaine Sir Thomas Staines débarqua et fut agréablement surpris de trouver la jeune colonie vivant harmonieusement sous le règne patriarcal de John Adams. Les humbles insulaires craignaient grandement que leur seul instructeur et professeur ne leur soit retiré, d'autant plus qu'il était bien décidé à se rendre s'il était obligé de le faire. Mais les Tahitiennes supplièrent avec force qu'on le laissât rester , et, s'accrochant à John Adams, pleurant pendant qu'elles plaidaient, le capitaine humanitaire, lui-même profondément touché par la scène, résolut de ne pas les déranger. En même temps, il conseilla à Adams de ne pas descendre jusqu'au débarcadère où se trouvait le bateau, prétextant lui-même que le chemin qui menait à la plage était suffisamment accidenté et pierreux pour que le vieil homme ne s'y aventure pas. Le conseil fut suivi, Adams n'accompagnant le capitaine au bon cœur qu'une partie du chemin. Le remerciant de la considération attentionnée qu'il avait témoignée à lui-même et à son peuple, il fit ses adieux au capitaine Staines et retourna au petit village.

CHAPITRE IV.

Le joyau du Pacifique

L'ÎLE PITCAIRN, mise en évidence par les événements déjà racontés, est insignifiante petite, mesurant seulement environ cinq milles et demi de circonférence et deux milles et demi de largeur. Lorsque les mutins s'y installèrent pour la première fois, il était couvert d'arbres partout où il y avait suffisamment de terre pour que leurs racines puissent s'y installer ; mais, dans la période de cent ans pendant laquelle des chèvres sauvages ont parcouru en troupeaux certaines parties de l'île, beaucoup d'arbres ont disparu. Le sol, ainsi mis à nu, a gravement souffert des fortes pluies et il ne reste presque plus aucune trace de la végétation autrefois luxuriante des arbres. Vue de la mer, l'île présente à deux ou trois endroits un aspect nu et stérile. Sa position isolée au milieu de l'océan, ses rivages rocheux et ses falaises escarpées impressionnent le spectateur par le sentiment de sécurité qu'un tel endroit offrirait à ceux dont le principal objectif était de cacher leurs crimes et de se mettre hors de portée des habitants. méritait une punition.

La partie la plus élevée de l'île se trouve à environ mille cent neuf pieds au-dessus de la mer. Face au nord se trouve un pic ou un immense rocher à peine moins haut, appelé la Maison de la Chèvre. Une grotte sur le côté de ce rocher, en partie cachée par de hauts arbres, aurait été la retraite prévue par Christian et ses compagnons, au cas où ils seraient recherchés et leur île isolée découverte. Le pic surplombant la baie de Bounty, appelé Ship-landing Point, parce qu'il se dresse directement au-dessus de l'endroit où le *Bounty* a été poussé près des rochers et détruit, a été décrit comme « possédant une beauté considérable ». Il s'élève avec une silhouette audacieuse presque perpendiculairement à la mer, son front rocheux et accidenté est adouci ici et là par des parcelles d'herbe et d'arbustes. Le paysage qui entoure la petite baie, avec sa côte rocheuse, est toujours magnifique. Les arbres couverts de vignes, au feuillage du vert le plus intense, notamment le palmier *pandanus* , s'épanouissent en végétation riche tout près du bord de l'eau, les embruns salés humidifiant fréquemment leurs branches, tandis que la douceur de l'air marin contribue à diffuser le délicieux parfum des plus doux. fleur dont se vante l'île, la *morinda citrifolia* , nommée par les insulaires simplement « haut blanc », en distinction avec les fleurs d'un blanc pur du « quatre heures », qui fleurit sur un buisson bas.

Au-dessus de nous, près de l'extrémité la plus élevée de Ship-landing Point, en regardant du nord, on voit une curiosité naturelle, une énorme partie du rocher montrant de profil une représentation d'une tête d'homme de taille gigantesque. On l'appelle la Tête du Vieil Homme, et il n'est pas difficile d'imaginer qu'elle regarde la petite baie avec une expression de douce bienveillance. La montée depuis le lieu d'atterrissage est très raide, mais elle est rendue relativement facile par une route très supportable qui monte les quelques centaines de pieds.

Sur le côté sud-est de l'île se trouve l'endroit connu sous le nom de « la Corde », ainsi appelé parce qu'autrefois, la descente raide ne pouvait être accomplie qu'au moyen d'une corde. Un chemin en zigzag, juste assez large pour permettre de prendre pied, descend maintenant du haut précipice jusqu'au bord de l'eau. Les falaises abruptes, s'élevant presque perpendiculairement au rivage, sont d'une grande beauté. Les couleurs variées du sol, des rochers et du feuillage des arbres, toutes mélangées ou contrastées en nuances de noir et de gris, de jaune et de brun, de rouge et de vert, rendent le paysage tout à fait agréable ; et non moins belle est la vue sur les eaux de la petite baie, quand, calmes et lisses, elle s'étend comme un lac, sans une ondulation à sa surface, ou quand, avec un bruit sauvage et rugissant, vague après vague se brise et roule. vers le rivage, laissant la surface de l'eau comme recouverte de vagues de la plus belle dentelle, pure et blanche.

CHEMIN À TRAVERS LE COCOANUT GROVE.

Dans le coin le plus abrité de la baie, à la Corde, se trouve une petite étendue de sable, à une extrémité de laquelle, au pied du rocher qui la domine, les mutins ont trouvé des haches de pierre et d'autres instruments. qui ont été fabriqués et utilisés par les indigènes qui habitaient à l'origine l'île. Ici aussi sont gravées dans les rochers quelques-unes des figures réalisées par les artistes grossiers de ces époques révolues. La plupart des personnages ont été effacés par plus d'un siècle d'exposition à toutes sortes de conditions météorologiques. Quelques-uns cependant restent bien distincts, comme le montre l'illustration ci-jointe.

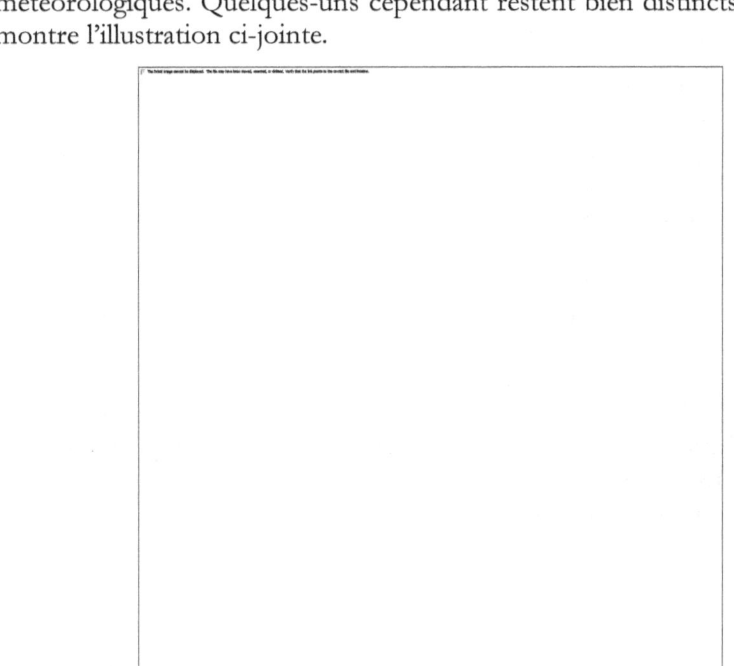

CHIFFRES COUPÉS DANS LES ROCHERS À LA CORDE.

Le palmier *pandanus , avec ses branches groupées de feuilles tombantes, borde les rives de la baie sur presque toute son étendue.* Les innombrables pierres et rochers énormes qui recouvrent le fond de la baie rendent impossible l'accostage d'un bateau. Ses eaux regorgent de myriades de petits poissons. La bêche de mer traîne son existence dans les nombreuses mares à fond de sable, tandis que les écrevisses et les bulots, tous deux consommés, habitent sous et parmi les rochers couverts d'algues qui abondent dans la baie peu profonde. En regardant vers le nord depuis la crête de la Corde, l'œil se pose sur une petite mais charmante vallée, nommée Vallée de Saint-Paul, située à proximité du Rocher de Saint-Paul. De grands arbres centenaires, avec leurs teintes variées et changeantes de feuillage, rendent le paysage toujours beau, tandis que, en accompagnement de leur musique douce et bruissante, vient le bruit retentissant des vagues sur les rochers bien en contrebas.

Dans la vallée entre Ship-Landing Point au nord-est et Goat House, face au nord, se trouve, niché parmi les arbres, le petit village installé par les mutins il y a cent ans. Des bosquets de cocotiers et d'orangers l'entourent, tandis que le magnifique banian, avec sa curieuse croissance de longues racines en forme de corde pendantes en épaisse profusion, et ses branches imposantes couvertes pendant dix mois de l'année d'une robe printanière de vert, prête un charme délicieux au paysage.

Bien que l'île soit rocheuse dans une certaine mesure, elle possède néanmoins une grande beauté pittoresque. Des crêtes escarpées et des vallées profondes sont ses principales caractéristiques, toutes deux couvertes de grands arbres centenaires donnant de l'ombre. Le seul inconvénient du plaisir de se promener ou de se reposer sous les arbres est l'absence d'oiseaux chanteurs qui animent les branches de leurs chants. Un petit oiseau domestique au pelage brun et blanc est le seul occupant des bois, à l'exception d'un bel oiseau de mer blanc qui au début de la saison chaude vient déposer son œuf sur une niche de la branche nue du banian ou autre grand arbre. Ces deux oiseaux, le premier avec son « tweet, tweet » constant et le second avec ses cris vifs et stridents, donnent un peu de vie aux bosquets autrement silencieux. Parfois, quelques autres espèces d'oiseaux marins, naviguant au-dessus de nous, percent l'air silencieux de leurs cris.

MORINDA CITRIFOLIA.

Les fougères, dont il existe environ vingt-six variétés, ornent les vallées avec une belle et riche profusion. Parmi les fleurs sauvages, il y en a peu, et toutes, à une exception près, sont petites, blanches et parfumées. C'est une douce petite fleur qui aime ouvrir ses yeux dorés pendant les mois les plus froids de l'année et que l'on trouve principalement au bord des hauts précipices. C'est un favori universel. L'« arbre à fleurs » (*morinda citrifolia*) fleurit presque toute l'année, mais il est à son apogée d'octobre à mars. Ses fleurs d'un blanc pur contrastent richement avec les feuilles sombres et brillantes, tandis que son parfum délicieux ainsi que sa beauté simple en font un favori des petits et des grands. Les enfants, garçons comme filles, trouvent un plaisir incessant à enfiler les fleurs en guirlandes qu'ils portent autour de leur chapeau.

Les fleurs lumineuses que l'on voit ici et là ont été introduites de temps en temps, principalement par les capitaines des navires de passage, qui ont aimablement fait don de leur propre stock limité. De nombreuses graines ont également été envoyées par des amis en Angleterre, en Amérique et dans les îles Sandwich ; mais seuls ceux de ce dernier endroit ont bien réussi, la plupart des autres, en grande partie sans doute à cause du manque de culture appropriée, s'étant révélés un échec. Cependant, grâce à la gentillesse attentionnée des amis, la petite île n'est pas entièrement dépourvue des plus belles productions de la nature.

Le premier parmi les principaux fruits produits sur l'île est l'orange. Les arbres commencent à fleurir au plus tôt à partir de la fin juillet et continuent à fleurir jusqu'en octobre. La saison des fruits s'étend d'avril à novembre. Comme les arbres produisent occasionnellement une seconde récolte, il n'est pas rare d'en avoir des fruits toute l'année. Les pastèques, les pastèques, les ananas, les roses et les figues sont en saison de novembre à avril. Les bananes, dont il existe quelques variétés, peuvent être consommées toute l'année, mais sont à leur meilleur de janvier à juin. La goyave pousse à l'état sauvage et, de mars à juillet, les arbres regorgent de fruits. Des raisins pourraient être cultivés. La canne à sucre est également l'une des principales productions de l'île, le riche sirop obtenu à partir de son jus étant utilisé à la place du sucre. L'arrow-root est cultivé avec profit. Le processus de fabrication implique beaucoup de travail. Les plantes sont mises en terre entre octobre et novembre et les racines sont complètement mûres en juin. La récolte de l'igname est mise en même temps que l'arrow-root et met le même temps pour arriver à maturité.

Telles sont quelques-unes des productions actuelles de la petite île devenue la cachette des mutins. Ils ont sans doute eux-mêmes introduit le fruit à pain, la noix de coco, le taro, l'igname et une variété de patate douce. Les endroits qu'ils possédaient et cultivaient autrefois portent toujours leur nom, comme Breadfruit Patch de John Adams, Ned Young's Ground, McCoy's Valley, et ainsi de suite tout au long de la liste. Mais, tant que leurs noms demeurent, toute trace de leurs lieux de sépulture est perdue, à l'exception de la tombe de John Adams.

Pitcairn! A toi, terre de ma naissance,

Ma chanson, j'apporte;

Tes collines et vallées, arbres et fleurs,

Leurs louanges, je les chante.

La noix de coco, aux panaches ondulants
D'un vert brillant,
Les fleurs d'oranger au doux parfum,
Les deux ici sont vus.

Et des arbres majestueux et des fruits succulents,
Ton sol fournit;
Mais les averses et pluies enrichissantes
Le ciel nie.

Tu étais autrefois fertile, riche et vert,
Mais maintenant, comme c'est nu ;
Et pourtant tu es toujours belle,
Toujours doux et juste.

De telles journées incomparables de ciel calme et beau
Tes étés apportent!
Et belles aussi sont toutes les heures
Du doux printemps.

Chaque saison, au fur et à mesure qu'elle roule,
De nouvelles beautés donnent ;
Et chaque objet, silencieux, pleure,
"Mon Créateur vit."

CHAPITRE V.

JOHN BUFFETT et JOHN EVANS

Mariages et naissances

REVENIR à John Adams et à sa petite communauté. Cinq ou six ans s'étaient écoulés depuis les visites des *Britanniques* et du *Tage* , et pendant ce temps, le fait que l'île était habitée et par qui était devenu plus largement connu. Vers 1819, le navire *Hercules de la Compagnie des Indes orientales* , le capitaine Henderson, fit escale sur l'île et laissa aux insulaires des cadeaux utiles et indispensables, composés d'outils de charpentier, de grandes chaudières en fer, etc., etc., le ce dernier mentionné étant principalement utilisé dans le but de faire bouillir de l'eau salée pour obtenir du sel.

Au mois d'octobre 1823, un baleinier anglais, le *Cyrus* , Captain Hall, visita l'île Pitcairn. John Adams, étant maintenant un peu avancé en âge et commençant déjà à ressentir les infirmités de l'âge, exprima au capitaine Hall le souhait de pouvoir trouver parmi l'équipage du navire quelqu'un pour l'aider dans la tâche ardue d'essayer de donner une instruction à ses jeunes. personnes. Le capitaine écouta gentiment et promit de faire ce qu'il pourrait. Appelant ses hommes autour de lui, il leur fit connaître les vœux du vieillard et leur demanda si l'un d'entre eux serait disposé à accéder à sa demande. Après quelques minutes d'hésitation, John Buffett, un jeune homme de vingt-six ans, s'est avancé et a proposé ses services. N'étant lié par aucun lien familial, il estimait que rester ne lui faisait pas de grands sacrifices.

Buffett avait été dans sa jeunesse apprenti chez un ébéniste à Bristol, sa ville natale. D'une nature vagabonde, la vie marine particulièrement possédant une fascination particulière pour lui, il quitta son premier métier pour servir à bord du navire de Sa Majesté *Penelope* , puis de nouveau sur l' *Inexprenable* . Il fit naufrage dans le golfe du Saint-Laurent, puis fut rejeté sur la côte de Californie, où il fut reçu et soigné de la manière la plus aimable par un vieux *commandant espagnol* des lieux. Ce dernier fit tous ses efforts pour persuader Buffett de s'installer en Californie, mais il décida de ne pas le faire et de là il se dirigea vers Honolulu, dans les îles Sandwich, où il rejoignit le *Cyrus* . Enfin, après ses nombreuses aventures, il arriva à l'île Pitcairn, où, acceptant la proposition de son capitaine, il résolut de finir ses jours parmi le peuple avec lequel son sort était désormais décidé.

Parmi ses compagnons de bord du *Cyrus* se trouvait un jeune homme d'environ dix-neuf ans, nommé John Evans, originaire de Londres. Par amour pour Buffett, il décida de rester sur l'île et, pour cela, il s'enfuit du navire. Étant de très petite taille, il parvint à se cacher dans la souche creuse d'un arbre jusqu'à ce que le navire ait appareillé et qu'il puisse apparaître en toute sécurité . Comme il n'y avait aucune aide pour cela, Evans a également été autorisé à devenir membre de la communauté.

Peu de mois se sont écoulés avant que Buffett et Evans ne demandent en mariage les mains de deux des jeunes filles de l'île. Buffett n'a rencontré aucune opposition à son procès et, en temps voulu, s'est uni en mariage avec Dorothy, une fille d'Edward Young. Evans n'obtint pas une telle faveur lorsqu'il demanda à John Adams la main de sa fille Rachel. Le vieil homme n'approuvait pas que les jeunes gens se marient trop tôt, et Evans avait à peine dix-neuf ans ; en outre, la différence d'âge entre les deux jeunes gens constituait un autre obstacle aux yeux du père, la jeune femme étant la plus âgée de quelques années. Cependant, l'affaire a été renvoyée à la fille pour décision. Sa réponse est venue, rapide, courte, et a décidé : "Essaye, papa." Il finit par consentir, mais non sans appréhension quant à son bonheur futur, et sa bénédiction paternelle ne lui fut pas refusée lorsque les deux se levèrent pour ne faire qu'un, étant mariés avec un anneau formé du cercle extérieur d'une coquille de patelle.

LA CHAPELLE.

Il peut s'avérer intéressant pour certains lecteurs de connaître les noms de ceux que John Adams a unis dans les liens du mariage. Le service était célébré selon les rites de l'Église d'Angleterre. Les parties étaient, bien sûr, les fils et les filles de tous les mutins qui ont laissé des enfants, et leurs noms sont les suivants : Matthew Quintall à Elizabeth Mills, Arthur Quintall à Katharine McCoy, Daniel McCoy à Sarah Quintall. Ces deux derniers jeunes hommes nageèrent un jour jusqu'à un rocher situé à une distance considérable du rivage, et là convinrent de chercher l'un l'autre la sœur de l'autre pour épouse. Le rocher reçut de cet incident son nom, *Táné M'á* , *c'est-à-dire* « le lieu de l'accord des hommes ». Jeudi octobre Christian, fils de Fletcher Christian, et premier né sur l'île, a épousé Susan, la fille de quinze ans venue dans le *Bounty* . Les autres étaient : Charles Christian, marié à Sarah McCoy ; Edward Quintall, à Dinah Adams ; George Young, à Hannah Adams ; William Young, à Elizabeth Mills, veuve de Matthew Quintall, qui a trouvé la mort d'une manière inconnue. La plupart des jeunes hommes sont sortis un jour dans leurs pirogues pour pêcher. Ils étaient pour la plupart à distance de conversation l'un de l'autre, mais comme Matthew, ou Matt, comme on l'appelait, n'était pas vu en train de s'occuper de son canot, les autres pensèrent qu'il était couché dedans. On a découvert par la suite que le canot flottait, et avait flotté on ne sait combien de temps, sans occupant. Le corps avait coulé et n'a jamais été revu.

L'histoire suivante est racontée pour montrer la force contraignante avec laquelle une promesse était considérée à cette époque : George Adams, le fils unique de John Adams, avait, lorsqu'il était très jeune, « conçu un attachement pour Polly Young, mais elle a déclaré que elle n'épouserait jamais George. Lors de la visite du capitaine Beechy sur l'île, Adams lui a confié l'affaire, ainsi qu'aux autres officiers. Leur opinion était que la détermination de la jeune fille avait été prise avant qu'elle soit en âge de connaître son propre esprit et qu'elle serait plus « honorée de la violation que de l'observance ». Polly, cependant, voyait la question sous un jour différent, mais avouait que son opinion de son amant avait considérablement changé depuis qu'elle avait déclaré qu'elle ne l'aurait pas. Par la suite, ils se sont mariés, peut-être pas « à la hâte », mais Polly s'est repentie « à la hâte », car elle a découvert trop tôt qu'un foyer avec George ne signifiait pas un « paradis pour les femmes ».

Une bague en or, propriété d'Edward Young, jouait un rôle important dans les services de mariage célébrés à cette époque et a continué à être utilisée jusque dans les années quarante.

Seuls quatre des enfants des mutins sont morts célibataires. L'un d'eux, Johnny, fils unique de John Mills, le mutin, mourut en tombant effroyablement d'une haute falaise rocheuse, où il était allé chercher des œufs d'oiseaux. Ses blessures étaient telles qu'il est décédé avant d'avoir pu être transporté à son domicile. Le pauvre garçon n'avait que quatorze ans lorsque survint le triste accident. Deux des fils d'Edward Young, Robert et Edward, moururent tous deux peu après le retour de la communauté de Tahiti en 1831, tandis que la fille unique de Fletcher Christian, Mary, mourut d'hydropisie, sur l'île Norfolk, vers 1865. Fille de Quintall, s'étant éloignée du chemin de la vertu, fut si durement traitée par son frère que lorsqu'elle en eut l'occasion, elle quitta l'île. Le capitaine d'un navire de passage, étant informé de l'affaire et ayant appris le souhait de la malheureuse jeune femme, lui permit gentiment de passer sur son navire. Elle fut emmenée sur l'île de Rurutu, où elle fut très aimablement accueillie. L'un des chefs de l'île en fit son épouse et elle devint finalement la mère d'une nombreuse famille.

Tels étaient les premiers amours et mariages entre les enfants des premiers colons. Des familles d'enfants sains et vigoureux étaient élevées, et John Adams les présidait tous, à la manière des patriarches d'autrefois, et était considéré et respecté comme un père par la communauté grandissante, qui avait la plus grande confiance dans la sagesse. de ses conseils et enseignements. Lors de la visite du capitaine Beechy au *Blossom* , en 1825, la communauté comptait vingt-six adultes et trente-cinq enfants, soit un total de soixante et une personnes. Au cours d'une période de trente-cinq ans, il y avait eu vingt-sept naissances, et des premiers colons du *Bounty,* il ne restait que John Adams et cinq femmes tahitiennes. Ces six, avec l'ajout de Buffett et Evans, représentaient huit de la population adulte.

Lorsqu'on apprit pour la première fois que le *Blossom* était un navire de guerre, de grandes craintes régnaient au sein de la petite communauté que le navire ne vienne transporter Adams prisonnier en Angleterre. Mais ils furent vite rassurés. Le capitaine et les officiers s'empressèrent d'expliquer que leur venue avait un tout autre but. Lorsqu'elles comprirent que leurs craintes étaient sans fondement et qu'il n'y avait aucun danger que le vieillard soit enlevé, la partie féminine de la communauté se pressa autour de lui et l'embrassa de la manière la plus affectueuse. Il était particulièrement touchant de voir la façon dont Hannah Young s'accrochait à son père et l'embrassait, pleurant même dans toute sa joie lorsqu'elle comprenait qu'il ne fallait pas l'enlever.

GROUPE DE FILLES DE L'ÎLE.

Pendant tout le séjour du *Blossom*, son capitaine et ses officiers furent reçus avec la plus grande hospitalité par les insulaires au cœur simple. Les jeunes femmes surtout, qui héritaient de leurs mères tahitiennes un grand amour pour les fleurs, se faisaient chaque matin un agréable devoir d'orner les casquettes des officiers de couronnes fraîchement confectionnées de fleurs odorantes. Les visiteurs étaient charmés par les manières simples et ouvertes de tous les insulaires, mais observaient que « la même différence marquée entre les sexes prévalait ici que dans toutes les îles du Pacifique, notamment aux repas, les femmes n'étaient pas autorisées à s'asseoir avec les hommes; et lorsque le capitaine et les officiers firent part de leurs remarques et opinions concernant la différence observée entre les sexes, leurs paroles furent ressenties, comme semblant interférer avec une coutume établie de longue date. (Ce n'était pas tant une « différence marquée entre les sexes » qu'un sentiment de timidité inexplicable qui empêchait les femmes des premiers temps de s'asseoir à la même table que des étrangers. Aujourd'hui, la plupart des femmes de l'île, héritant de la mêmes dispositions que leurs mères, lorsqu'un visiteur occasionnel partage leur hospitalité, préféreraient de loin « rester debout et attendre » plutôt que de jouer le rôle d'hôtesse en s'asseyant avec leurs invités.)

La journée commençait et se terminait invariablement par une prière et une louange au Père divin pour ses miséricordes et ses soins protecteurs, chaque famille s'engageant dans un bref service d'adoration de la part des parents et des enfants, et une journée n'était pas non plus considérée comme correctement commencée si leur premier le devoir envers leur Créateur a été omis. Cette bonne coutume a toujours été et est toujours religieusement observée par leurs descendants. Le capitaine Beechy et ses officiers ont eu l'occasion pendant leur séjour d'assister au service divin du dimanche. Ce jour était très strictement respecté. Il y a eu un arrêt complet du travail ; aucun feu n'était allumé, toute la cuisine étant faite le samedi, afin que rien de ce qui était mondain ne puisse interférer avec les devoirs sacrés du jour de repos. Lors du culte public du dimanche, Buffett aidait Adams à lire le service, la partie spéciale qui lui était réservée étant le sermon, « dont certaines phrases étaient lues deux ou trois fois », pour attirer l'attention de ses auditeurs et aussi pour aider pour imprimer les mots dans leur mémoire. Buffett a également fait office de maître d'école et « a trouvé les enfants des érudits à la fois volontaires et attentifs ».

Lorsque le *Blossom* quitta l'île, les adieux pleins de larmes et d'affection racontèrent comment le cœur de tous les insulaires avait été conquis par leurs visiteurs, dont le séjour agréable et la joyeuse compagnie avaient été un point si brillant dans leur vie tranquille et devaient se former pour toujours. l'un de leurs souvenirs les plus délicieux et les plus agréables.

CHAPITRE VI.

GEORGE HUN NOBBS.

Décès de John Adams

Le cycle régulier et sans incident de la vie dans la petite communauté se déroulait régulièrement, avec « à peine une ondulation pour remuer sa surface monotone ». Cultiver la terre et l'entretenir, construire des maisons pour les couples les plus récemment mariés, construire des canots et pêcher, et sortir occasionnellement avec leurs fusils pour abattre des chèvres, des oiseaux sauvages et des oiseaux, fournissaient une occupation constante aux hommes. Un mode préféré de capture du poisson était avec la lance, généralement fabriquée en attachant cinq pièces de fer, pliées à la forme requise et ayant des pointes barbelées, sur une perche d'environ vingt pieds de long, et dans l'utilisation de laquelle les hommes étaient très experts. . On voyait toujours les femmes aider leurs maris, pères et frères dans leurs occupations de plein air, et les accompagnaient parfois lorsqu'ils sortaient en canot pour pêcher. La cuisine et d'autres tâches ménagères, ainsi que le soin des enfants, leur fournissaient un emploi quotidien. Mais leur principal travail, pendant les mois les plus froids de l'année, était la confection de tissus indigènes.

Ce tissu indigène, ou *tappa* , est fabriqué à partir de l'écorce de la plante *aute* (prononcer outy), *c'est-à-dire* le mûrier à papier, et a tout à fait la nature et la consistance du papier. Le travail est extrêmement laborieux et fastidieux, et lorsque le rendement des plantes est important, il prend parfois des mois. Il fallait pourtant le faire, car ce matériau fournissait la quasi-totalité de la litière utilisée à l'époque.

Lorsque quelqu'un qui n'est pas habitué à dormir sous de tels draps bruyants l'essaye pour la première fois, le bruissement fort et constant qu'il produit réussit généralement à chasser tout sommeil. Le capitaine Beechy a parlé de dormir dans un tissu qui « semblait fraîchement sorti du métier à tisser », car c'était tout ce que ses animateurs pouvaient lui offrir. Des lavages fréquents et une exposition au soleil finiront par priver le matériau de sa rigidité et de son bruit, et par temps froid, il offre une couverture chaude, car il exclut tout air. Il est coloré d'un brun rougeâtre vif et rendu plus résistant en étant teint dans la sève obtenue du *doodooee* (boucanier). Ce colorant est obtenu en trempant l'écorce du *doodooee* dans l'eau.

Au début, ce tissu rigide et inconfortable était porté par tout le monde, à l'exception peut-être de John Adams lui-même. Par les femmes, des pièces d'environ un mètre de largeur et deux mètres de longueur étaient attachées autour de la taille en croisant simplement les deux extrémités supérieures et en les tournant pour les fixer. Un autre mètre du même tissu était jeté sur les épaules, pour couvrir le corps, et cela constituait presque entièrement leur vêtement quotidien. Pour le dimanche, chaque femme et chaque fille possédait une robe de confection des plus primitives, froncée autour du cou et tombant librement des épaules, atteignant un peu au-dessous du genou. En dessous se trouvait un jupon porté comme décrit ci-dessus, qui complétait l'ensemble de la tenue. Les hommes et les garçons portaient le gilet, presque exclusivement, les jours de semaine. Le dimanche, ils enfilaient leur culotte, qui ne descendait pas jusqu'aux genoux, témoignant ainsi de la croissance musculaire de leurs membres.

Les fréquents travaux extérieurs des hommes et des femmes entraînaient un grand développement musculaire de leur structure physique et les rendaient forts et capables de supporter une grande quantité de travail manuel. Pourtant, cela n'a pas privé la partie féminine de la communauté de ses instincts féminins, et toutes ses manières féminines sont restées. Leurs enfants ont été élevés tôt pour participer à toutes les petites tâches ménagères liées à la maison, ainsi que pour aider leurs parents dans les travaux des champs ; ils n'étaient pas non plus autorisés à s'absenter de l'école, où John Buffett leur enseignait la lecture, l'écriture et le calcul.

En 1828, George Hun Nobbs, accompagné d'un Américain nommé Bunker, arriva sur l'île Pitcairn en provenance de Valparaiso. Il était arrivé à ce dernier endroit après avoir traversé plusieurs aventures, et c'est là qu'il avait entendu pour la première fois l'histoire du *Bounty* et comment l'île Pitcairn avait été colonisée par les descendants des mutins. L'histoire le fascina tellement qu'il résolut, si cela était possible, de rejoindre l'île et de s'installer chez les habitants. En conséquence, ayant pris possession d'une vedette, il quitta Valparaiso avec Bunker et, en temps voulu, ils atteignirent leur destination en toute sécurité. Ces deux nouveaux venus reçurent un accueil chaleureux de la part des habitants.

Nobbs n'a pas tardé à chercher à courtiser et à gagner une femme ; et, non sans difficulté, il réussit enfin à obtenir la main de Sarah Christian, petite-fille de Fletcher Christian. Bunker n'a pas eu cette chance, car Peggy Christian n'a pas voulu écouter son procès, et on ne sait pas si c'était par amour non partagé ou par accès de folie temporaire, mais il a tenté de s'autodétruire en se jetant tête baissée d'une falaise. D'une manière ou d'une autre, la chute a été interrompue et ses intentions suicidaires ont été contrecarrées. Il mourut cependant peu de temps après.

ROSE JEUNE. ARTHUR JEUNE.

JEAN JEUNE. SARAH JEUNE.

La chaloupe sur laquelle s'effectua le voyage des deux hommes fut débarquée, démolie et utilisée pour construire la maison de Nobbs. En rendant compte de lui-même, Nobbs a déclaré qu'il était le « fils non reconnu d'un marquis ». Étant, par une éducation supérieure, mieux placé que John Buffett pour remplir la place d'enseignant parmi les jeunes de l'île, Nobbs ne fut pas longtemps parmi eux avant de prendre la direction de l'école, retirant presque entièrement le travail des mains de Buffett. . Buffett était enclin à considérer cet acte de Nobbs comme une grave injustice, mais le peuple en général était favorable au changement, principalement à cause d'une grave faute que Buffett avait commise. Pourtant, certains parents restèrent fidèles à leur allégeance au maître qui était venu le premier parmi eux et ne lui retirèrent pas leurs enfants, car, malgré sa faute, il s'efforçait de son mieux d'accomplir son devoir. fidèlement à eux, tandis qu'il cherchait à expier le mal qu'il avait commis par un repentir tout au long de sa vie.

Le devoir d'officier en tant que pasteur était également assumé par Nobbs. John Adams avait alors laissé aux deux jeunes hommes la direction de tout ce qui concernait le progrès et l'amélioration du peuple. Le vingt-neuvième jour de mars 1829, l'année qui suivit l'arrivée de Nobbs, le dernier des Anglais venus dans le *Bounty* mourut tranquillement et paisiblement, à l'âge de soixante-cinq ans, profondément et sincèrement pleuré par le famille au sein de laquelle il avait été si étrangement placé. Il survécut vingt-neuf ans au dernier de ses compagnons. Une simple pierre blanche marque son lieu de repos, l'inscription « In Hope » étant placée sous le simple enregistrement de son nom, de son âge et de son décès. La pierre tombale a été réalisée à Devonport, en Angleterre.

Un an après la mort de John Adams, le navire de guerre *Seringapatam* , le capitaine Waldegrave, visita l'île, apportant des vêtements et d'autres cadeaux utiles aux insulaires. Auparavant, les habitants, en raison de leur nombre rapidement croissant, se demandaient si l'île, avec ses ressources limitées, serait suffisante pour leur entretien et leur entretien, la moindre cause d'inquiétude n'étant pas la rareté de l'eau. Cet état de choses fut signalé aux autorités compétentes, et un arrangement ayant été conclu entre le gouvernement britannique et les autorités de Tahiti pour l'octroi d'un terrain à l'usage des Pitcairners à Tahiti, le sloop *Comet* , Captain Sandilands, arriva à Île Pitcairn le vingt-huitième jour de février 1831, en convoi vers le *Lucy Ann* , qui, le septième jour de mars, s'embarqua pour Tahiti, avec à son bord toute la colonie de l'île Pitcairn et leur petit stock de biens meubles. .

Au bout de quatorze jours, les émigrés débarquèrent, ayant reçu un accueil cordial. Mais l'expérience n'a pas réussi. Ils n'étaient pas restés longtemps à Tahiti lorsqu'une fièvre maligne éclata parmi eux et réduisit rapidement leur nombre. Quatorze d'entre eux moururent rapidement et, malgré les dispositions libérales prises pour leur soutien par les habitants au bon cœur de Tahiti, les Pitcairnais étaient anxieusement désireux de rentrer chez eux. De plus, les mœurs des gens parmi lesquels ils vivaient maintenant étaient si différentes de la vie pure et simple qu'ils menaient entre eux, et l'immoralité ouverte et non dissimulée de certaines personnes autour d'eux les rendait très malheureux. Moins de trois semaines après leur arrivée à Tahiti, une opportunité de retour se présenta et Buffett et sa famille en profitèrent. Quatre autres jeunes hommes les accompagnaient. Le navire qui les transportait fit escale à Hood's Island en chemin, et là l'un des quatre jeunes hommes mourut. Après que les autres soient rentrés sains et saufs à la maison, et avant l'arrivée du reste de la communauté, un autre d'entre eux est décédé.

Pendant ce temps, on préparait à Tahiti le retour du reste de la population. La goélette *Charles Doggett* fut affrété pour les transporter jusqu'à leur domicile. Une certaine quantité de cuivre *du Bounty* avait été transportée à Tahiti, et les gens la donnèrent pour acheter la goélette, car c'était tout ce qu'ils pouvaient faire ; mais une aide généreuse fut apportée par de généreux amis de Tahiti, qui levèrent une souscription pour combler le déficit. Le voyage de retour dura vingt-deux jours, la totalité du séjour à Tahiti ne s'étendant pas sur cinq mois.

Un incident agréable est ici rapporté, illustrant la vieille vérité biblique : « Jette ton pain sur les eaux ; car tu le trouveras après plusieurs jours. Pendant le séjour des Pitcairnaires à Tahiti, au moment de leur profond chagrin et de leur profond chagrin, lorsque l'un d'entre eux tomba malade et mourut, le second d'un baleinier américain, dont le nom était Coffin, apprit la terrible détresse dans laquelle ils souffert. Plaignant leur condition d'étrangers dans un pays étranger et obéissant à l'impulsion d'un cœur bon, il dépensa généreusement cinq dollars pour procurer à ceux qui étaient malades la nourriture qu'il pensait qu'ils apprécieraient. Les besoins des autres n'ont pas non plus été oubliés. Cet acte de bonté chrétienne désintéressée a été chaleureusement rappelé par tout le peuple, et quand, après dix-neuf ans, l'homme au bon cœur est venu à Pitcairn en tant que capitaine d'un navire, le peuple lui a fait cadeau de dix barils d'ignames, le prix de ce qui coûtait vingt dollars. Cette preuve substantielle du souvenir de sa bonté envers eux affecta le capitaine aux larmes, et ce fut avec difficulté qu'il put être convaincu d'accepter le cadeau, plaidant que son ancienne bonté pourrait être laissée sans récompense. Mais le peuple insista sincèrement pour qu'il accepte ce qu'il considérait comme un petit retour pour l'acte de bonté inoubliable qu'il lui avait témoigné dans son extrémité.

CHAPITRE VII.

M. JOSHUA HILL

Un NOUVEAU chapitre s'ouvre désormais dans l'histoire de cette île. Vers 1832-1833, il fut favorisé par un nouvel arrivant, en la personne de Joshua Hill. C'était un homme d'une excellente éducation, mais de nature sévère et d'une discipline tyranniquement stricte. Il arriva sur l'île par Tahiti, où il était venu d'Honolulu. En Angleterre, il avait entendu la curieuse histoire de la petite île au milieu de l'océan et de la façon dont elle était peuplée, et il quitta sa maison dans le but de venir parmi les insulaires comme pasteur et professeur, considérant que son âge n'était pas un obstacle, bien qu'il soit environ soixante-dix ans. Mais il fut devancé par Nobbs.

Il est juste de reconnaître qu'au moment de son arrivée, la situation sur l'île n'était pas favorable à la gestion de ceux qui étaient les dirigeants reconnus. Comme les Israélites au temps des juges, « chacun faisait ce qui lui paraissait juste », car, depuis le règne patriarcal de John Adams, personne n'avait remplacé, comme lui, la place qu'il occupait si longtemps dans le monde. la confiance, ainsi que l'affection, du peuple.

On est surpris de constater que, dans tous les efforts de réforme du vieil homme, il ait permis au vieil alambic, utilisé par McCoy et Quintall, de continuer son travail impie et avilissant. Mais il en était ainsi ; et au moment de l'arrivée de Hill, il était en activité constante, plusieurs des hommes étant dépendants de ce vice ; Nobbs et Buffett n'étaient pas non plus opposés à « un petit drap en cachette ». Depuis leur déménagement à Tahiti, tous les habitants n'ont pas non plus conservé la belle et stricte moralité qui avait été leur vertu suprême, comme cela a été prouvé dans deux cas ; de sorte que, dans l'ensemble, l'île avait besoin d'une réforme générale et approfondie.

Hill prit aussitôt les rênes du gouvernement. Sa première démarche fut de nommer pour le soutenir quatre hommes principaux, auxquels il donna le titre d'anciens. Ceux-ci étaient complétés par trois sous-anciens et quatre cadets. Le peuple se soumit d'abord volontiers à toutes ses innovations, et, s'il avait été aussi sage et prudent dans l'administration de ses mesures qu'il avait été zélé dans leur exécution, il ne fait aucun doute qu'il aurait accompli un bien aussi durable parmi le peuple. des gens qui auraient continué aussi longtemps qu'ils avaient eu une histoire. Un fait démontrera que cela a été fait, malgré les nombreuses fautes et erreurs qu'il a commises au cours de son bref mandat de leadership. Il est à son honneur qu'il soit rapporté que grâce à ses efforts infatigables et énergiques, l'alambic générateur de troubles fut détruit et que son œuvre funeste ne fut jamais relancée par la suite.

Hill prétendait avoir été envoyé par le gouvernement anglais, ce qui, sinon entièrement faux, était du moins douteux. Il ignora totalement la présence des autres Anglais et ne réussit que trop bien à influencer les insulaires contre eux. Mais il y avait une exception. Charles Christian, fils de Fletcher Christian, dont les nombreuses nobles qualités le rendaient cher à tous, resta toujours l'ami fidèle et immuable des persécutés Nobbs, Buffett et Evans ; et lorsque, sur ordre de Hill, Buffett fut publiquement fouetté, ce véritable ami, apprenant le traitement injuste et cruel, se hâta de le secourir et, par sa bravoure sans faille et son courage viril, réussit à délivrer le malheureux de son cœur dur. et les méchants bourreaux. Mais cette mesure extrême fut appliquée après que la règle de Hill fut assez bien établie.

Sous sa discipline stricte, tout s'est plutôt bien passé au début. Mais son empressement trop zélé à accomplir une réforme le conduisit à faire ce que la prudence et la calme raison auraient dû empêcher. L'exemple suivant peut servir d'exemple : deux femmes avaient fait circuler un rapport concernant Hill, qui, parvenu à ses oreilles, lui était fortement irrité. Des mesures immédiates ont été prises pour punir les contrevenants. Une réunion a été convoquée, composée du chef en colère, de ses aînés, sous-anciens et cadets, pour porter un jugement sur les femmes. Au cours de la réunion, ils se sont agenouillés pendant quelques minutes pendant que Hill priait. Parmi les diverses supplications qu'il prononçait, figurait cette phrase : « Si ces femmes meurent de la mort commune de tous les hommes, le Seigneur ne m'a pas envoyé. » La prière s'est terminée, mais il n'y a eu aucune réponse. Pas un seul présent, à l'exception de Hill lui-même, n'a prononcé le « amen ». Il ne fallait pas non plus s'attendre à ce qu'ils dénoncent ainsi les femmes qui étaient les plus proches parentes de certaines d'entre elles. Mais leur refus de prendre part à la prière rendit encore plus furieux leur chef et, tandis qu'il se révélait devant ses disciples sous son vrai caractère, trop zélé, vengeur et tyrannique, le charme avec lequel son influence les avait liés fut brisé, et le L'emprise qu'il avait acquise sur l'esprit de certains d'entre eux était à jamais perdue.

Des querelles, des querelles et des propos injurieux étaient constamment entretenus entre les parties. Hill et son groupe, qui étaient les plus forts, rendirent quotidiennement la vie des trois autres Anglais aigris par de durs traitements. Buffett en particulier a été contraint de subir de sévères sanctions pour un tort commis cinq ou six ans avant l'arrivée de Hill. Lorsque Hill fut informé de l'affaire, il considéra qu'il était de son devoir d'imposer une sanction qui constituerait une leçon salutaire pour Buffett à l'avenir. Nobbs ne se serait pas non plus échappé s'il n'était pas malade au lit, et la cruauté de Hill n'aurait pas atteint le point de fouetter un homme malade. Nobbs, qui était poétique, écrivit une épigramme vivante sur Hill, dans les dernières lignes de laquelle il mentionna l'érection de la potence :

"Avec une colline pour animer la scène."

Cela rencontra immédiatement une réplique, et ainsi l'esprit d'animosité resta vivant et ne souffrit jamais de mourir.

AVENUE PITCAIRN.

Les mauvais traitements auxquels les trois Anglais furent constamment soumis atteignirent finalement leur point culminant lorsqu'ils furent contraints de quitter l'île. Séparés de leurs familles, ils furent emmenés sur une goélette, dont le capitaine condamna sans ménagement les agissements de Hill, tandis qu'il témoignait envers les hommes exilés la plus grande gentillesse. Ils furent emmenés à Tahiti, mais n'y restèrent pas longtemps, car l'occasion leur fut bientôt offerte de retourner dans leur foyer d'adoption. Arrivés là-bas, ils emmenèrent leurs familles avec eux et repartirent, Nobbs et Evans allant jusqu'aux îles Gambier, tandis que Buffett se rendait à Tahiti.

Lorsque le bannissement cruel fut effectué, les hommes qui auparavant avaient obéi sans réserve aux ordres de Hill commencèrent à prendre conscience du fait qu'ils avaient participé à un processus général d'injustice et d'oppression. Leurs véritables amis avaient été maltraités, allant même jusqu'au bannissement, alors qu'ils s'étaient soumis à la domination d'un tyran. La honte et le remords du parti qu'ils avaient pris envahissaient leurs esprits, et ils n'attendaient que l'occasion de faire rappeler les exilés.

C'est vite arrivé. Le capitaine d'une goélette, l' Olivia , qui faisait alors escale sur l'île, fut informé de tous les faits de l'affaire, et il promit très généreusement de se rendre aux îles Gambier et d'emmener les deux familles de Nobbs et Evans dans leur maison. Cela fut donc fait, et une fois de plus tous se retrouvèrent sur l'île de Pitcairn, puisque Buffett et sa famille étaient arrivés de Tahiti peu de temps auparavant sur le *Rameau d'Olivier*. Tandis que ces derniers semblaient avoir gagné en santé au cours de leur séjour à Tahiti, les deux familles qui séjournèrent aux îles Gambier étaient extrêmement émaciées, en raison de la mauvaise nourriture dont elles étaient obligées de subsister. Leurs parents et amis les ont accueillis à leur arrivée à bras ouverts, tandis que des expressions d'affection et des larmes de joie, qui en disaient plus que des mots, exprimaient leur joie de pouvoir tous se revoir.

Au retour des hommes exilés, ils trouvèrent l'île dans un état instable. Les divisions étaient répandues parmi la population. Hill n'exerçait plus une influence incontestée sur leurs esprits et leurs actions. Son pouvoir, autrefois si grand, était maintenant complètement brisé. À cette époque, une querelle survint entre Hill et l'un de ses anciens aînés, qui échappa de peu à se révéler une affaire très grave. Les ennuis se produisirent ainsi : une jeune fille, fille de l'ancien aîné, avait été accusée d'avoir volé des ignames et fut reconnue coupable. Le père a été convoqué devant Hill pour entendre quelle serait la sentence prononcée contre sa fille. Hill a déclaré que la délinquante devrait être exécutée ou, du moins, faire souffrir très gravement pour sa faute. Le père s'est fermement opposé à des mesures aussi dures et a affirmé positivement que sa fille ne devait pas être soumise à la volonté de cet homme impitoyable. Excité de fureur par cette opposition à sa volonté, que le père maintenait constamment, Hill se précipita dans sa chambre et, saisissant son épée, revint et, l'agitant d'un air menaçant vers son adversaire, s'écria : « Confessez vos péchés, car vous êtes un homme mort. Il répéta cela avec, si possible, une fureur accrue, tandis que sa victime menacée, comme il le déclara plus tard, sentit que sa dernière heure était bien venue. Une table se dressait entre eux, et le jeune Quintall, bien qu'intimidé par le feu meurtrier qui brillait dans les yeux de Hill, ainsi que par l'épée qu'il brandissait, débarrassa rapidement la table d'un bond, et, avant que Hill ait pu deviner son intention : il saisit fermement les épaules de son ennemi et le jeta à terre de vive force. Incapable de faire autre chose que de maintenir son emprise sur son ennemi tombé, il était impuissant à empêcher les coups d'épée de Hill. Heureusement, elles n'ont donné lieu qu'à quelques égratignures légères, mais suffisamment profondes pour laisser des cicatrices à vie sur la poitrine de la victime prévue. Il n'est pas possible de dire combien de temps la lutte aurait duré si les combattants avaient été laissés seuls. Un jeune homme passa par hasard devant la maison et, ayant un aperçu de ce qui se passait à l'intérieur, comprit d'un coup toute la situation. Courant aussi vite qu'il le pouvait vers sa maison, il revint bientôt armé d'un mousquet et cria qu'il allait tirer sur Hill. D'autres, entendant le cri, accoururent pour savoir quelle était la cause du désordre. Arrivés sur les lieux de la dispute, leur premier acte fut de déposséder Hill de son épée. Il fut alors autorisé à se lever et à se retirer paisiblement dans sa chambre. Rien de plus ne lui fut fait, mais il ne reçut son épée que le jour où, sans amis et mal-aimé, il quitta l'île pour toujours.

Entre-temps, des lettres de plainte des persécutés Buffett, Evans et Nobbs avaient été envoyées à Valparaiso, demandant réparation à ceux qui pouvaient et pouvaient apporter leur aide et leur délivrance du pouvoir de Hill. En réponse à leur appel sincère, l' *Actæon* fut envoyé sur l'île en 1836. Elle était commandée par Lord Edward Russell. Sa Seigneurie, peu après son arrivée, convoqua une réunion qu'il présida lui-même. La permission fut donnée à tous les intéressés de s'exprimer librement, privilège dont chacun profita volontiers. Un débat chaleureux et animé s'ensuivit, et tandis que Hill parlait pour sa propre défense, un membre indiscipliné de la réunion l'interrompait de temps en temps en disant : « C'est un mensonge, mon seigneur », adressé à Lord Russell.

Les débats de la cour provoquèrent beaucoup de rires, et tout cela fut grandement apprécié par Sa Seigneurie. Une circonstance surtout provoqua des éclats de rire. Hill racontait l'histoire d'un livre ayant appartenu à Hannah Young. En face de la devise « *Dieu et mon droit* », sur la page de titre, étaient écrites les lignes suivantes :

« Dieu et mon droit, nous le voyons souvent

Blasonné à l'étranger;

Que ceux qui lisent cette devise soient

Avec Jésus, juste avec Dieu.

En dessous, Nobbs avait apposé sa signature : « GH Nobbs, PSM ». Hill avait pris la liberté d'ajouter en post-scriptum cette citation des Saintes Écritures : « Hélas, maître ! car il a été emprunté. Lorsque Lord Russell lui demanda une explication sur les trois lettres initiales jointes au nom de Nobbs, Hill répondit volontiers que *Nobbs* voulait qu'elles signifient « Pasteur et Maître spirituel », mais, à *son* avis, la traduction correcte devrait être « Mécréant public et scélérat ». .» Ces vives poussées furent données par chaque parti jusqu'à ce que Sa Seigneurie déclare que toute la procédure était trop belle pour être terminée en une seule séance, et que la réunion soit ajournée au lendemain.

Le deuxième jour, la décision de Sa Seigneurie fut que Hill devait être retiré de l'île dès que possible, et l'année suivante, l' *Imogen* arriva pour mettre cette décision en vigueur. Les premiers mots prononcés par son capitaine, lorsque le bateau remontait vers le navire, furent : « Joshua Hill est-il toujours sur l'île

? Je suis envoyé exprès pour l'éloigner. Le lendemain, de bonne heure, Hill, avec ses quelques biens, fut transporté à bord de l' *Imogen* , où des regards froids l'attendaient. Sans amis et seul au milieu des étrangers, le vieil homme se tenait sur le pont du navire qui devait l'emmener. Malgré tous ses défauts, si aggravés qu'ils fussent, il est impossible de ne pas éprouver, dans ses heures d'adversité, une profonde sympathie pour le pauvre vieillard qui, par un zèle erroné et pervers, s'était rendu odieux à ceux qu'il avait sans aucun doute, et en toute honnêteté, souhaitait en bénéficier. Ainsi s'est écoulé de l'histoire de l'île de Pitcairn Joshua Hill, dont le souvenir est encore frais conservé par ceux qui l'ont connu, plutôt comme étant associé à la dureté, à la sévérité et à la tyrannie, que comme celui du juste, dont le souvenir « sent bon et fleurit ». dans la poussière. »

CHAPITRE VIII.

LE DRAPEAU DE LA VIEILLE ANGLETERRE

APRÈS le retrait de M. Hill, M. Nobbs, avec le consentement chaleureux de presque tout le peuple, assuma seule la charge de pasteur et d'instituteur. Sous son règne bienveillant, la paix régna à nouveau, et l'ancienne fraternité entre les familles, qui avait été si pleinement établie sous John Adams, fut de nouveau tout aussi pleinement rétablie. Tandis que M. Nobbs se consacrait aux besoins supérieurs du peuple, combinant avec ses autres fonctions celles de médecin (au mieux de ses capacités), Buffett avait repris son ancien métier d'ébéniste, qu'il limitait à des articles tels que des boîtes à ouvrage. , bureaux et commodes de toutes tailles. Le bois de l' arbre *méro* , que le sol de l'île produisait en abondance, fournissait toute la matière nécessaire dans les tons les plus foncés. Le bois est extrêmement dur et à grain extrêmement serré, et une fois complètement mûri, sa couleur passe du rouge foncé au presque noir et prend un magnifique poli. La couleur jaune vif du bois de l'arbre à fleurs blanches a été utilisée pour l'ornementation, car elle forme un joli contraste avec l'autre. Buffett a également instruit ceux parmi les jeunes hommes qui montraient une quelconque envie d'apprendre, et a été très heureux de les voir faire preuve d'une habileté marquée dans le travail manuel. John Evans également, qui voulait s'essayer au métier, vint avec les autres prendre des leçons de travaux pratiques et réussit assez bien dans le commerce.

Buffett, qui aimait les plaisanteries, racontait qu'un jour, alors qu'il travaillait chez lui, Evans était venu vers lui, apportant à la main une boîte à travaux inachevée qu'il était en train de fabriquer. Posant la boîte, il se tourna vers Buffett et commença à lui dire que son travail était presque un échec et qu'il risquait de connaître un échec s'il n'obtenait pas l'aide indispensable de la main du maître. "En fait, Buffett", a-t-il dit, "je suis juste venu vous demander de lécher." Dès qu'Evans eut fini de parler, Buffett, sans un mot, prit la boîte à ouvrage et, passant rapidement sa langue sur sa surface lisse, la reposa en disant, avec un rire chaleureux : « Voilà votre boîte ; Je l'ai léché. Étonné au-delà de toute expression et indigné de voir sa demande exaucée si littéralement, Evans s'empara avec colère de la cause innocente de la plaisanterie et s'éloignait en toute hâte, lorsque Buffett lui assura avec bonne humeur qu'aucune offense n'était intentionnelle, et il fut finalement convaincu. , bien qu'à contrecœur, pour calmer ses sentiments énervés et attendre quelques minutes jusqu'à ce que Buffett lui ait apporté l'aide nécessaire qu'il demandait.

Tandis que Nobbs instruisait les enfants dans la salle de classe, Buffett proposait de créer une classe pour jeunes hommes, de leur donner une instruction sur la navigation et les branches les plus avancées de l'arithmétique et, en plus de celles-ci, des études sur des sujets d'information générale tels que ils pouvaient s'en procurer grâce aux livres, même s'ils n'en disposaient que d'une quantité très limitée. Les jeunes gens les plus réfléchis profitèrent avec empressement de cette chance de s'améliorer et s'organisèrent en un groupe, avec Buffett à leur tête, qui donna le nom de « Société d'amélioration mutuelle » à leur classe. Tant qu'elle a duré, elle a attiré de nombreux participants et la plupart, sinon la totalité, des membres en ont tiré un bénéfice durable.

Alors que Nobbs et Buffett étaient engagés dans des activités qui leur étaient si agréables, la culture nécessaire de leurs parcelles de terre était effectuée par leurs femmes et leurs enfants, et par tous ceux de leurs voisins qui voulaient volontiers les aider. Eux-mêmes n'ont fait qu'une infime partie du travail. Evans, en revanche, semblait posséder un goût naturel pour la terre et sa culture, travail dans lequel il était aidé par sa femme forte et en bonne santé.

Cela faisait maintenant quarante-sept ans que l'île avait été colonisée, et pendant tout ce temps, aucune règle n'avait été édictée pour le gouvernement du peuple. La conscience parfois, et plus fréquemment l'inclination, les dominait. Mais cet état de choses était sur le point de prendre fin.

GROUPE D'HOMMES AUTOCHTONES.

En 1838, le navire de Sa Majesté *Fly* vint en visite et, pour la première fois, à la satisfaction et au plaisir évidents des insulaires, le pavillon de la vieille Angleterre fut hissé sur l'île Pitcairn, le capitaine Elliott observant : « Vous êtes maintenant sous le contrôle de l'île. protection du drapeau anglais. À partir de cette époque et jusqu'à ce que la communauté entière soit transférée sur l'île Norfolk, elle recevait chaque année la visite d'un ou de plusieurs navires de guerre de Sa Majesté.

Le capitaine Elliott conseilla également fortement au peuple d'avoir des lois écrites par lesquelles il pourrait être gouverné et, en outre, de nommer un magistrat parmi lui pour faire respecter ces lois. M. Hill a également souligné avec force la nécessité et l'importance d'une telle mesure, mais ses conseils n'ont pas été suivis. La proposition du capitaine fut reçue différemment, chacun étant prêt à exécuter tous les plans qu'il jugeait les meilleurs pour lui. Leur choix unanime s'est porté sur le plus jeune fils de Quintall, dont le bon sens et les capacités vraiment excellentes l'ont recommandé comme la personne la plus apte à être nommée. Lorsque Hill est apparu pour la première fois parmi le peuple, Quintall a attiré son attention particulière et Hill a fait de lui son principal aîné. Les deux hommes possédaient de nombreux traits de caractère similaires, et sur aucun point ils n'étaient plus d'accord que dans l'intense antipathie qu'ils éprouvaient à l'égard des trois autres Anglais. Que Quintall pouvait être un ami fidèle a été prouvé par le fait qu'il est resté aux côtés de Hill jusqu'au bout, alors que tout le monde l'avait abandonné. Au cours des années suivantes, les mariages mixtes qui eurent lieu entre ses propres enfants et ceux de Nobbs et Buffett furent la preuve évidente qu'ils ne partageaient pas les préjugés de leur père.

Comme Hill, lui aussi, lorsqu'il était excité par la colère, était capable de commettre des actes de cruauté, comme le montrera l'histoire suivante. Engagés un jour dans une dispute avec John Evans, les deux hommes perdirent le contrôle d'eux-mêmes et commencèrent à se maltraiter. La querelle s'intensifia et Quintall, étant un homme puissant, y mit fin en soulevant Evans, qui était petit, aussi facilement qu'il le ferait avec un enfant, et en le jetant violemment dans une porcherie, lui causant ainsi de graves blessures. Cet acte méchant était enregistré dans le registre de l'époque, car il était d'usage d'y inscrire chaque événement, si insignifiant soit-il, et chaque fois qu'un cas survenait qui ne pouvait être réglé de manière satisfaisante par les autorités locales, il était d'usage de le reporter jusqu'à l'arrivée. d'un navire de guerre, au capitaine duquel l'affaire fut soumise pour décision. Il en était ainsi dans ce cas, mais le fait que l'auteur du crime était à ce moment-là couché sur son lit de malade, dont il ne s'est plus jamais relevé, l'a empêché de recevoir ce qui lui était dû, et le prononcé de la sentence a donc attendu une décision plus sévère. tribunal que celui de la terre.

Un thème plus agréable que l'histoire que nous venons de raconter fut l'arrivée du premier navire missionnaire à faire escale sur l'île. Il s'agissait du *Camden* , envoyé par la London Missionary Society. Lors de ses visites missionnaires dans les différentes îles du Pacifique, elle fit une brève escale à l'île Pitcairn, n'ayant à son bord qu'un seul missionnaire, un certain M. Heath. Le séjour *des Camden* ne dura que quatre jours, pendant lesquels M. Heath prononça deux discours publics et tint plusieurs réunions dans la maison de M. Nobbs. Le capitaine Morgan, qui commandait le navire, a également prononcé un discours impressionnant tiré du texte : « Mon fils, donne-moi ton cœur ». Une bonne quantité de Bibles était laissée sur l'île, suffisamment pour que chaque famille en ait une. Le capitaine Morgan envoya également d'Angleterre, à son arrivée là-bas, une boîte de livres, des manuels scolaires ainsi que des publications religieuses, des ardoises et des crayons à l'usage de l'école. Tous ces cadeaux furent reçus avec reconnaissance, car ils répondaient à un besoin très pressant, en particulier les derniers cadeaux mentionnés.

En 1841, la veuve de Christian mourut. Son nom, donné par les Anglais, était Isabella, mais comme Christian lui-même l'avait surnommé « Mainmast », ce dernier nom était celui par lequel elle était exclusivement appelée, sauf qu'il était abrégé en « Mai'mas ». Elle était d'un âge très avancé lorsqu'elle mourut, mais gardait jusqu'à la fin des souvenirs vifs des événements des années précédentes et racontait souvent à ses auditeurs attentifs l'histoire de la visite du capitaine Cook aux îles de la Société. Un jour, alors qu'il se trouvait à Tahiti, il souffrait d'une grave crise de rhumatisme. Quelques-unes des Tahitiennes le prirent en main et effectuèrent une guérison au moyen du remède indigène. Il s'agissait d'une préparation de la *plante a'pi* (*arum gigantum*) qui était appliquée extérieurement sur la ou les parties affectées. Les propriétés douloureuses et piquantes de la plante (à côté desquelles la piqûre de l'ortie est presque agréable) semblent conduire à se prononcer en faveur des rhumatismes, car ce remède semble certainement pire que le mal. Mais Mainmast déclara que le terrible remède guérissait le capitaine Cook. La mort de cette vieille femme n'a laissé qu'un reste du groupe d'origine venu dans le *Bounty* , rompant ainsi, lien par lien, le lien qui unissait la partie la plus jeune de la communauté à ceux qui ont initialement établi la colonie.

Presque rien ne venait troubler la vie tranquille dont jouissaient les habitants, et les jours se passaient dans une monotonie tranquille, interrompue seulement par l'arrivée d'un navire de passage. L'« événement » de chaque année était la visite d'un navire de guerre.

Vers 1847, un accident survint au fils aîné de M. Nobbs, qui faillit lui être mortel. Lui, en compagnie de quelques autres jeunes gens, était parti un jour chasser les chèvres. Alors qu'ils rentraient chez eux, Reuben Nobbs a glissé et est tombé. L'arme chargée qu'il portait fut immédiatement déchargée, la majeure partie de son contenu étant logée dans sa hanche droite, tandis que la balle la traversait entièrement. Il fut ramené à la maison et son père s'occupa de lui. Les mois passèrent et, même si son état ne s'aggravait pas, il n'y avait toujours aucune amélioration perceptible. Lorsque le navire de guerre suivant arriva, le *Spy*, son chirurgien examina la blessure et, la sondant, en extraya de gros morceaux de ouate dont la présence avait empêché la guérison. Dès lors, la guérison fut rapide et le jeune homme put bientôt marcher à l'aide d'une béquille. Mais il en résulta une boiterie qui l'inapte aux travaux que la vie sur l'île exigeait, et, comme il avait de bonnes aptitudes en affaires, son père, qui avait des amis à Valparaiso, leur écrivit pour leur demander s'ils voulaient bien obtenir pour son fils quelques moyen de gagner sa vie. La réponse fut favorable, et peu à peu Reuben Nobbs arriva à Valparaiso pour commencer ses fonctions de commis dans un établissement commercial. Il fut cordialement reçu et, par une application diligente au travail et la détermination de plaire à ses employeurs, il réussit non seulement à apprendre à faire ce qu'on attendait de lui, mais aussi à donner entière satisfaction à ses employeurs pendant tout son séjour. .

CHAPITRE IX.

L'ANNIVERSAIRE DE LA REINE

On se souvient de l'année 1848 comme de la première année où le 24 mai, anniversaire de la reine, fut célébré comme jour férié. Les jeunes hommes, avec M. Nobbs à leur tête, ont commencé la célébration. Le vieux fusil *du Bounty* fut utilisé à cette occasion pour tirer un salut en l'honneur de Sa Majesté, et tous les vieux mousquets qui pouvaient être utilisés à un tel usage, avec des charges aussi lourdes qu'ils pouvaient être transportés, furent mis en service pour aider le pistolet *du Bounty* pour faire tout le bruit possible. La seule cloche de l'île sonnait joyeusement, tandis que, pour s'ajouter aux autres sons, des acclamations après acclamations retentissaient de la gorge de toute la communauté, rassemblée pour montrer sa loyauté envers son souverain.

La cloche était un cadeau offert aux insulaires en 1844 par les gens à bord du *Basilisk*, navire de guerre, pour être utilisée pour appeler les fidèles à l'église. Depuis des années, on utilisait à cet effet un cor de clairon, et quand celui-ci s'usait, un mousquet le remplaçait, un coup de feu étant tiré à l'approche de l'heure du service divin. Le mousquet était en usage au moment de la visite *du basilic*. La belle cloche au ton profond, si appréciée, supplanta aussitôt le vieux mousquet discordant, mais jamais elle n'avait sonné si gaiement, ni si longtemps, que lorsqu'elle prêtait son concours pour célébrer l'anniversaire de la reine.

Mais, avec tout le bruit qu'ils étaient capables de produire, ils sentaient qu'il leur manquait quelque chose d'important. Ils n'avaient pas de chanson convenable pour cette grande occasion. L'hymne national était alors inconnu, et que faire face à ce dilemme ? Heureusement, la question n'est pas restée longtemps sans réponse. M. Nobbs, au cœur loyal et enthousiaste, s'est montré à la hauteur de l'occasion. Une chanson fut rapidement composée et chantée chaleureusement, sinon harmonieusement, par les voix non entraînées des insulaires, sur l'air de « La fille que j'ai laissée derrière moi ». La strophe finale—

"Nous tirerons avec le pistolet, le pistolet *du Bounty*,

Et fais sonner la cloche,

Et applaudissez la reine d'Angleterre,

Et trois pour l'île de Pitcairn.

» a été suivie par une succession d'acclamations retentissantes, répétées jusqu'à ce que les collines résonnent à nouveau du son.

Le souvenir de cette journée, avec tout son bruit et sa gaieté, et les plaisirs simples dont on jouissait si pleinement, restait frais dans l'esprit des femmes, bien décidées à ne pas se laisser surpasser par les hommes. En conséquence, ils firent tous les préparatifs qu'ils purent pour leur célébration, lorsque le jour reviendrait.

Laissez-moi d'abord vous parler de la tenue vestimentaire des femmes de cette époque. Elles ne portaient plus exclusivement, le dimanche comme en semaine, la robe simple rassemblée en bande autour du cou, et sous cette robe un maigre jupon comme on en portait depuis qu'elles connaissaient l'usage de l'aiguille. Peu à peu, des robes à taille longue et côtelées, d'après les modèles envoyés à terre par les épouses des capitaines de navire, et aussi de temps en temps envoyées sur l'île par des amis en Angleterre et ailleurs, ont remplacé, pour les vêtements du dimanche, les vêtements primitifs. robe qui avait été portée si longtemps.

L'ambition de chaque femme était de posséder une robe et, malgré les difficultés liées à la coupe et à l'ajustement, chacune était fournie, les femmes les plus âgées portant un motif quelque peu différent de celui que portaient les femmes plus jeunes. M. Nobbs a fait ce qu'il a pu pour faire progresser les goûts des femmes en matière de tenue vestimentaire, et c'est à sa femme qu'a été confiée la terrible tâche de la coupe et de l'ajustement, rendue ainsi terrible parce qu'il n'y avait aucune connaissance préalable de cet art ; et plusieurs jours s'écoulaient avant qu'un seul vêtement ne soit prêt à être cousu à l'aiguille. Heureusement, certaines des plus jeunes femmes ont appris rapidement et, malgré des avantages limités, elles ont rapidement pu se débarrasser du fardeau des mains de Mme Nobbs. Parfois, certaines des épouses des capitaines de navires qui visitaient l'île leur apportaient de l'aide. Ils enseignaient également le tricot, mais devint rapidement un art perdu.

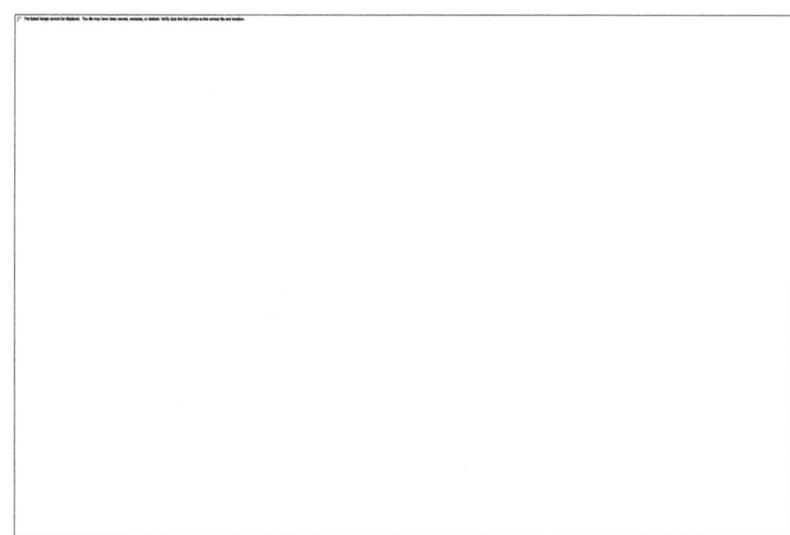

LA SCIERIE DE L'ÎLE.

Le jour de l'anniversaire de la reine en question, les matrones et les jeunes filles décidèrent de s'habiller de leur mieux – les robes blanches de préférence – et de passer la journée selon leur fantaisie. Une vieille grand-mère proposa de porter un noeud de ruban blanc sur l'épaule gauche, ce qui fut fait, des bandes de tissu tenant lieu de rubans. Lorsque le vingt-quatrième jour de mai arriva, beau et sans nuages, il fut accueilli par des acclamations bruyantes et loyales de la part de tous, tandis que les femmes et les jeunes filles se levaient avec l'aube pour se parer en l'honneur de ce jour et surprendre leurs maris et leurs frères, les pères et les amants, avec leur étalage, car tous leurs préparatifs avaient été gardés secrets.

Les hommes furent invités à venir se joindre à la réjouissance, et ils obéirent avec empressement. Tout travail fut abandonné et chacun se lança de bon cœur dans les sports et les jeux qui suivirent. Les femmes plus âgées s'occupaient des bébés et préparaient le dîner matinal, dont le matériel avait été fourni à l'avance. Après le copieux repas, chacun était libre de se divertir à sa guise. Les filles des mutins, étant désormais elles-mêmes grand-mères, se lancèrent avec entrain dans les sports, et ne contribuèrent pas peu au divertissement général en renouant avec plusieurs des jeux appris de leurs mères tahitiennes.

Ils introduisirent dans leurs jeux et leurs sports le battement des calebasses avec des bâtons, exécuté avec une extrême précision, auquel les joueurs cadraient, se déplaçant d'un pas silencieux et d'une grâce facile qui faisait plaisir à voir. Cette performance s'appelait l' *ihara* . Une autre danse indigène, l' *uri* , était exécutée par Susannah, la jeune fille de quinze ans arrivée dans le *Bounty* , aujourd'hui vieille femme de soixante-quatorze ans et aveugle d'un œil. Elle a fait preuve d'une vivacité remarquable en l'honneur de l'anniversaire de la reine, et sa performance a provoqué la joie des plus jeunes, qui n'avaient jamais vu cette danse auparavant. Cette vieille femme mourut au mois de septembre 1850, à l'âge de soixante-quinze ans, étant la dernière survivante de ceux venus de Tahiti soixante ans auparavant.

Les joyeux joueurs ont continué à danser jusqu'à une heure tardive. Qu'importe si la plupart d'entre eux dansaient pieds nus ; cela n'affectait en rien leur légèreté et leur bonheur. Un tambour et un tambourin fournissaient toute la musique qu'ils voulaient. L'île possédait un violon, mais personne ne se considérait suffisamment expert dans l'utilisation de l'arc pour offrir ses services. Enfin, les simples plaisirs de la journée prirent fin, pour rester dans la mémoire comme un souvenir lumineux et agréable.

Le chant des insulaires s'est amélioré au fil des années. Lorsque John Adams s'occupa seul de la jeune communauté, il ne négligea pas entièrement la formation de leur voix, même si le résultat ne fut pas tout à fait souhaité. Il réussit à graver dans leur mémoire un air simple et plaintif, qui, légèrement modifié, s'adaptait au mètre commun, court ou long. Ce fut la seule tentative de chant faite par les insulaires jusqu'à ce que Buffett vienne parmi eux. Le quatre-vingt-quinzième psaume de la version de Watts était un grand favori parmi le peuple, et celui sur lequel l'air de John Adams était le plus souvent chanté. [4] Buffett chercha bientôt à introduire au moins un changement d'air dans les services religieux et, étant doué d'une bonne voix, il réussit, à l'aide d'un accordéon, à conduire les gens quelques pas plus loin. Un livre de musique religieuse qui lui a été offert à Tahiti fournissait une variété d'airs, mais rien d'autre n'a été tenté que l'air simple. Les airs n'étaient pas non plus chantés à l'unisson, comme le montrera l'incident suivant.

[4] C'était une coutume pour les trois filles de John Adams, même jusqu'à un âge avancé, de se réunir et de lire une partie de la parole de Dieu. Ils terminaient infailliblement leurs dévotions en chantant l'air que leur père leur avait enseigné. Une strophe du deuxième psaume, qu'ils chantaient toujours, trouvée dans les Bibles écossaises, semble particulièrement associée à l'air plaintif. C'est le suivant : -

« Je déclarerai un décret sûr :

Le Seigneur m'a dit :

« Tu es mon Fils unique ; ce jour

Je t'ai engendré.'»

Au début des années 1850, un navire accosta sur l'île alors qu'il se dirigeait vers la Californie. Cinq messieurs, dont quatre passagers, débarquèrent. Le cinquième était le supercargo du navire. Le lendemain était dimanche et les visiteurs assistaient au service dans la petite église avec les insulaires, M. Nobbs officiant en tant que pasteur, tandis que John Buffett dirigeait les chants. Si les visiteurs espéraient tirer du plaisir de cette partie la plus délicieuse du culte public, ils furent déçus. L'effet produit par la congrégation, chantant sans égard à l'heure ou à la mélodie, était si discordant et discordant que M. Carleton, le supercargo, a déclaré que les sons grinçants dans ses oreilles l'obligeaient presque à prendre son chapeau et à quitter la maison.

Le lendemain, lundi, le navire fut aperçu à une longue distance de l'île, mais, pensant que le capitaine reviendrait certainement chercher ses passagers, on ne craignit pas qu'ils soient laissés sur place. Mais cela s'est avéré, et la seule explication qu'on pouvait donner de la conduite du capitaine était que le vent, qui était favorable, augmentait régulièrement et qu'il ne voulait pas le perdre. Il laissa ses passagers à l'hospitalité des insulaires et à l'aimable faveur du premier capitaine qui viendrait par le même chemin, et emmena avec lui un des insulaires qui était à bord lorsque le navire partit. Cet homme est allé en Californie et est revenu via Sydney.

Lorsque les passagers surpris et abandonnés eurent constaté qu'ils avaient été laissés sur place, ils décidèrent sagement de tirer le meilleur parti des circonstances. M. Carleton, qui était très doué en matière de talent musical, a mentionné à John Buffett la question d'essayer d'améliorer le chant du peuple. En réponse, on lui a demandé d'entreprendre cette tâche. Il refusa d'abord cette proposition, affirmant qu'il n'aurait pas le temps dont il aurait besoin pour produire un résultat satisfaisant et qu'il préférait donc ne pas le tenter. Cependant, comme aucune occasion ne s'est présentée au cours de la semaine pour lui de quitter l'île, il a finalement cédé aux demandes sincères et souvent répétées de Buffett et a consenti à faire un premier pas.

Il invitait tous ceux qui le voulaient à se réunir chaque soir dans l'une des maisons, et parmi eux il choisissait ceux qui semblaient posséder quelque capacité musicale. Il leur instruisit particulièrement afin qu'ils puissent poursuivre l'œuvre. Les résultats agréables produits par l'harmonie des sons ont servi à éveiller dans le cœur des apprenants un tel empressement et une telle anxiété à faire de leur mieux qu'ils ont grandement encouragé leur professeur dans ses efforts. Avec la détermination de réussir, il n'était pas très surprenant qu'en l'espace d'une semaine ils aient obtenu un résultat au-delà de leurs plus grandes espérances, et lorsque M. Carleton a pris son départ la deuxième semaine après, il était en pleine confiance que l'important travail qui avait si bien commencé, ne allait pas stagner. Il ne s'était pas trompé non plus. Un vieil homme racontait combien il était affecté par les premiers sons d'harmonie qu'il entendait. Il a déclaré : « Le premier morceau que j'ai écouté était Devizes. Buffett chantait l'air et M. Carleton la basse. Je restais bouche bée, buvant ces doux sons et pensant que ce devait être comme le paradis.

Lorsque M. Carleton a quitté l'île, il était accompagné de M. Brodie, l'un des quatre passagers, qui a supplié le capitaine de le prendre à la place des autres, car le navire ne pouvait accueillir que deux personnes. Ce monsieur écrivit ensuite un intéressant récit de l'île, qu'il publia. Le baron de Thierry, l'un des trois restants, poursuivit l'œuvre commencée par M. Carleton. Il tenta également d'enseigner le dessin, mais sans succès, peut-être parce que les doigts de ses élèves, entraînés dès la plus tendre enfance à se servir de la houe et à manier la brouette, ne pouvaient pas être amenés à tenir et à porter le crayon. Un soir, alors que M. Carleton était en train d'enseigner son cours de chant, le baron fit place à un joyeux éclat de joie. Une des élèves, de sa voix forte et claire, montait l'échelle, et comme elle montait sans effort apparent sur les notes les plus hautes, énonçant clairement et distinctement chaque syllabe, le baron cria : « Arrêtez, arrêtez. Personne d'autre que ma fille n'est capable de faire ça comme ça.

Le séjour forcé des cinq messieurs sur l'île Pitcairn a produit l'un des résultats les meilleurs et les plus satisfaisants, malgré tout le plaisir et la joie que les habitants de l'île Pitcairn et de l'île Norfolk tirent de la musique, instrumentale et vocale. , trouvent leur origine dans les premières leçons enseignées par M. Carleton. La mémoire de cet homme est vénérée et aimée parmi le peuple, qui lui doit tant du plaisir qu'il reçoit de cet art élevé et ennoblissant.

CHAPITRE X.

Visite du HMS Portland

Le moment approchait maintenant où un changement important allait se produire dans l'histoire des insulaires de Pitcairn. Depuis qu'il avait été convenu que l'île serait visitée chaque année par un navire de guerre britannique, son arrivée était l'événement attendu de chaque année. Lorsque l'amiral Sir Fairfax Moresby était commandant en chef de la station du Pacifique, un officier à bord d'un des navires de Sa Majesté, alors en visite sur l'île, proposa aux femmes d'envoyer une demande à l'amiral pour leur rendre visite. Une lettre fut immédiatement écrite et signée par plusieurs matrones et jeunes filles de l'île. L'amiral fut heureux de répondre à la lettre en personne et arriva sur l'île en août 1852, à bord de son vaisseau amiral, le *Portland* . Son arrivée fut accueillie par le peuple avec toutes les démonstrations de joie, qui atteignit son comble lorsque, rassemblés sous un bosquet d'orangers, ils écoutèrent l'orchestre que l'amiral avait aimablement commandé à terre et jouirent d'une musique si délicieuse qu'ils n'avaient jamais entendu parler. avait rêvé. De l'amiral jusqu'au plus humble marin, tout le monde à bord du *Portland* faisait preuve de gentillesse envers les insulaires, à tel point que les visites du *Portland* étaient considérées par les gens comme constituant la période dorée de l'histoire de leur île. L'amiral était accompagné de deux de ses fils, dont le plus jeune, M. Fortescue Moresby, par ses manières agréables et joyeuses et ses manières séduisantes, se faisait grandement aimer du cœur des insulaires.

Parmi les premiers sujets qui retinrent l'attention de l'amiral Moresby fut la position de M. Nobbs en tant que pasteur non ordonné du peuple, et il prit sur lui la responsabilité d'envoyer ce monsieur en Angleterre, avec une lettre de recommandation à l'évêque de Londres, lui demandant de recevoir M. Nobbs comme candidat à l'ordination, ajoutant que ses fidèles services aux gens de sa patrie adoptive et le bien qu'il avait été le moyen d'accomplir pouvaient être considérés à la place de toute lacune dans ses connaissances théologiques. entraînement.

PARLEMENT DE L'ÎLE PITCAIRN.

Lorsque le *Portland* quitta l'île Pitcairn, M. Nobbs partit également, accompagné d'une de ses filles, Miss Jane Nobbs, qui alla jusqu'à Valparaiso, où se trouvait son frère Reuben. Ici, elle fut reçue par une famille très digne, qui lui témoigna toute la considération et la bienveillance. Avant que M. Nobbs puisse consentir à quitter son troupeau, il fut convenu que le *Portland* L'aumônier, M. Holman, devrait rester sur place et remplacer le pasteur absent. Un garçon de *Portland* est également resté avec M. Holman. Le peuple dans son ensemble considérait cet arrangement comme très satisfaisant, même si personne ne pouvait tout à fait occuper la place que M. Nobbs avait si longtemps et si habilement occupée.

Arrivé à Valparaiso, M. Nobbs prit le bateau à vapeur *Orinoco* pour se rendre en Angleterre, où il atteignit sain et sauf et fut dûment ordonné. Le défunt prince consort l'a honoré d'une interview et il a également eu un aperçu de la reine. En effet, Sa Majesté, en passant, lui tendit sa main royale, qu'il saisit chaleureusement et qu'il secoua chaleureusement, après quoi elle partit tranquillement et sans un mot. Ce petit incident était souvent rappelé par le digne homme, et toujours avec un certain amusement de l'erreur possible qu'il avait alors commise. Dans l'entretien que M. Nobbs a eu avec Son Altesse Royale, le prince a montré un grand intérêt pour sa lointaine maison et a fait de nombreuses demandes concernant ses travaux là-bas. Un salaire de 50 £ par an lui était accordé et, s'il y avait eu la preuve que M. Nobbs avait effectivement été promu au grade de lieutenant dans le service naval, cinquante autres auraient été ajoutés. Son séjour en Angleterre fut trop court pour lui permettre d'accepter bon nombre des nombreuses invitations qui lui étaient adressées par des personnes de rang et de richesse, mais dans un cas particulier, il ne cessa jamais de regretter que les circonstances l'empêchaient d'y assister. C'était une invitation à rendre visite à MM. Wilson et Cook, messieurs qui avaient envoyé peu de temps auparavant de gros cadeaux d'articles ménagers utiles à l'île Pitcairn. En mai 1853, M. Nobbs rentra chez lui, la durée totale de son absence ne dépassant pas neuf mois.

Un accident très triste et mortel s'était produit pendant son absence. Lorsque le *Portland* atteignit Valparaiso, l'amiral Moresby envoya le *Virago* sur l'île Pitcairn, afin que les gens puissent voir un bateau à vapeur pour la première fois. Elle est arrivée au mois de janvier, près de la clôture. Le jour où elle devait partir, presque tout le monde était à bord, et le navire avait fait le tour de la petite île, à la grande surprise et au grand plaisir des gens. C'était vers la fin de la journée, et alors que les gens étaient sur le point de regagner le rivage, qu'un salut d'adieu du canon *du Bounty* devait être tiré. Parmi ceux qui s'occupaient de l'arme se trouvait le magistrat Matthew McCoy. La baguette utilisée à cette occasion était un vieux chevron bien raboté, fabriqué à partir du bois de cocotier, très dur, et qui avait été utilisé en construction. Les personnes présentes ne savaient pas qu'il y avait un clou dans le chevron. Celui-ci, entrant en contact avec le canon déjà chauffé par le soleil, fit enflammer la poudre avant que tout ne soit prêt. En un instant, le coup de feu fut déchargé, et les hommes qui l'accompagnaient furent dispersés dans toutes les directions, à plusieurs pieds de l'endroit.

La décharge intempestive a rapidement amené sur les lieux de l'accident une petite foule de personnes restées à terre et, comme le désastre a été observé depuis le *Virago*, les bateaux ont été rapidement préparés et, dès que possible, le médecin et ses assistants ont été à l'endroit. Deux jeunes hommes, William Evans et Driver Christian, ont été grièvement blessés, mais Matthew McCoy a reçu son coup mortel. Son bras droit était terriblement brisé, et il était en outre très contusionné et blessé. Le bras fut amputé, dans l'espoir que sa vie pourrait être épargnée, mais tout ce que les compétences chirurgicales pouvaient faire ne servit à rien, car dans la nuit du 27 janvier 1853, il mourut. Ainsi se termina, dans la tristesse et la tristesse, cette journée si lumineuse et si appréciée de tous. Le mort fut enterré avec les honneurs funéraires, en présence de tous les officiers et hommes qui pouvaient être épargnés par le *Virago*. Mais aucune manifestation extérieure ne pouvait apaiser le chagrin ou calmer le chagrin de la veuve désolée et des enfants sans père, qui pleuraient si profondément leur perte irréparable. Avant le départ du *Virago*, le canon *du Bounty* était doté de pointes pour empêcher qu'il ne soit plus utilisé. Après avoir été laissé en place et rouillé pendant près de quarante ans, il fut finalement utilisé comme fondation pour un mât de drapeau.

Comme indiqué ci-dessus, M. Nobbs est rentré chez lui en mai et a immédiatement repris ses fonctions de pasteur, les gens observant qu'il semblait avoir acquis une attitude un peu plus digne après avoir été ordonné, bien que sa grande gentillesse et son intérêt pour tout ce qui le concernait. le bien-être du peuple est resté inchangé.

L'arrivée du *Portland* arrivait à point nommé, car la population souffrait des effets d'une grave sécheresse et était obligée de subsister avec tout ce qu'elle pouvait obtenir, les citrouilles non mûres constituant leur principal régime alimentaire. Les provisions généreuses provenant des provisions du navire leur ont fourni suffisamment de nourriture pour durer jusqu'à ce que des temps meilleurs apparaissent. L'amiral partit alors, emmenant avec lui M. Holman et le garçon qui était resté avec lui. Le *Portland* poursuivit sa route vers les îles Gambier, mais revint bientôt vers Valparaiso. Comme il s'approchait suffisamment de l'île Pitcairn pour que les gens puissent communiquer par signaux, un message de détresse fut hissé, car les insulaires, presque sans exception, souffraient grandement d'une attaque de grippe. Interprétant mal le signal, le *Portland* poursuivit son chemin, mais fut arrêté lorsqu'on aperçut un bateau qui s'éloignait de terre, mené par quelques pauvres gens qui maniaient à peine leurs rames. Ayant appris la cause de leur arrivée, l'amiral et ses officiers débarquèrent aussitôt, et le rapport des hommes fut confirmé par la vue de l'état pitoyable des insulaires.

Tout ce que la gentillesse pouvait suggérer était fait pour les malades, tous les visiteurs faisant ce qu'ils pouvaient pour soulager la détresse qui les entourait ; ils n'ont pas non plus pris leur dernier congé de l'île jusqu'à ce qu'il y ait des signes visibles d'amélioration. Tous les insulaires étaient devenus si attachés aux gens à bord du navire qu'une grande tristesse fut ressentie en se séparant ; en effet, la prise d'adieu fut telle que les hommes, aussi bien que les femmes et les enfants, pleurèrent abondamment, regardant leur dernier visage sur le visage des bons amis qui avaient tant fait pour eux et qui n'avaient pas honte de mêler leurs larmes à celles de leurs amis. les larmes de ceux qu'ils laissaient derrière eux. Les bénédictions d'un peuple reconnaissant accompagnaient leurs visiteurs au départ.

Reuben Nobbs, qui avait accompagné son père et sa sœur depuis Valparaiso, est resté avec sa famille pendant quelques mois ; mais, à l'arrivée du HMS *Dido* , l'année suivante, il se prépara à reprendre ses fonctions à Valparaiso sur ce navire. Mais son séjour fut de courte durée et il fut bientôt de retour chez lui, la consommation ayant fait des progrès rapides. Des mains aimables et volontaires le portèrent de l'endroit où il avait débarqué, car il était universellement aimé, et le transportèrent jusqu'à sa maison, où il s'attarda jusqu'au 2 mars 1855, date de sa mort.

Deux accidents, chacun mortel par nature, se sont produits peu de temps après. Le premier décès fut le résultat d'une blessure au pied d'un garçon, causée par la pointe barbelée d'une flèche en fer. Lockjaw s'est installé et après les terribles agonies qui ont suivi, il est mort. L'autre accident a été soudain et la mort a été instantanée. C'était un samedi et la plupart des hommes étaient en train de pêcher dans leurs canots. Un jeune homme nommé Daniel McCoy, accompagné de sa femme, se rendit au nord-ouest de l'île, à un endroit appelé le Lookout, pour pêcher parmi les rochers. Plusieurs autres jeunes sont allés dans la même direction, mais se sont séparés en différents groupes pour pêcher.

Dan et sa femme se rendirent seuls à un endroit pour atteindre lequel ils devaient soit nager dans un étroit passage d'eau, soit monter quelques marches, puis descendre un sentier escarpé et très dangereux parmi les rochers. Ils choisirent cette dernière solution, et en descendant, le jeune homme perdit prise, glissa et tomba. La chute n'était pas haute, à peine dix pieds ; mais il tomba lourdement et se cassa le dos. Avec un gémissement terrible et un dernier regard mourant sur sa femme, il expira aussitôt. Presque distraite, elle partit à la recherche de leurs compagnons, qui pêchaient à quelque distance d'eux. Le chagrin et l'horreur semblaient donner des ailes à sa vitesse, alors qu'elle passait sur les pierres brutes et les rochers déchiquetés qui formaient pour la plupart son chemin. Quelques minutes seulement lui suffirent pour atteindre un endroit où elle put voir ses compagnes et leur faire comprendre par des signes que leur aide était requise. Les cris frénétiques et les gesticulations sauvages les ont immédiatement convaincus que quelque chose de terrible s'était produit, et ils ont immédiatement commencé à comprendre ce qui s'était passé.

On l'apprit bientôt et, tandis que certains des pêcheurs retournaient avec l'épouse endeuillée sur les lieux du terrible accident, d'autres se hâtaient de rentrer chez eux pour annoncer la triste nouvelle et demander de l'aide pour transporter le corps chez eux. Comme presque tous les hommes étaient en train de pêcher, il fallut les appeler au moyen de signaux, et aussitôt que possible une baleinière fut lancée pour accomplir cette triste mission. En peu de temps, le fardeau à peine froid et sans vie fut doucement déposé à l'intérieur et ramené à la maison d'où, quelques heures auparavant, il était parti avec toute la force et la fierté d'une jeune virilité. Il ne se passa presque rien de remarquable au cours des douze mois qui suivirent la mort de Daniel McCoy, survenue le septième avril 1855. La vie reprit peu à peu son cours ordinaire et monotone ; mais chaque jour approchait du jour où tout allait changer.

The linked image cannot be displayed. The file may have been moved, renamed, or deleted. Verify that the link points to the correct file and location.

CHAPITRE XI.

Déménagement sur l'ÎLE NORFOLK

QUAND, en 1853, l'amiral Moresby visita l'île Pitcairn, il vit que le nombre rapidement croissant des habitants nécessiterait bientôt le déplacement d'une partie ou de la totalité de la communauté vers un endroit plus grand, bien qu'il jugea que l'île Pitcairn, si bien cultivée, elle était capable d'entretenir un millier d'habitants. L'amiral affirma que, comme un retrait devait être effectué dans le futur, il serait plus sage de le faire le plus tôt possible, seulement il stipulait que tout le monde devait y aller ensemble.

Et maintenant, le moment approchait rapidement. Un rapport fut envoyé au gouvernement du pays à ce sujet et, au début de l'année 1856, le HMS *Juno* fut envoyé des colonies pour informer les insulaires que des dispositions étaient prises pour leur déplacement vers une île plus grande, et également pour leur conseiller de prendre les mesures nécessaires. préparations nécessaires à leur départ.

La nouvelle fut reçue avec des sentiments différents. Certains étaient prêts à saisir l'occasion d'améliorer leurs perspectives mondaines, et la simple pensée d'un changement par rapport à leur vie jusqu'alors tranquille était accueillie avec plaisir, tandis que d'autres, pour qui le foyer et ses associations étaient plus chers que toute perspective qu'on pouvait leur offrir. eux préférèrent rester, et n'en furent probablement empêchés que parce que le conseil de leur bon ami, l'amiral, était que tous devaient aller recevoir leur concession de terre.

L'île choisie pour la future résidence des insulaires de Pitcairn était l'île Norfolk, autrefois un établissement pénal. L'île a une circonférence d'environ vingt milles et est capable d'entretenir plusieurs milliers d'habitants.

À la fin du mois d'avril 1856, le *Morayshire*, commandé par le capitaine Joseph Mathers, arriva de Sydney pour transporter les émigrants vers leur nouvelle maison. Le deuxième jour de mai, tout était prêt et le moment était venu de dire adieu au cher vieux lieu où s'était passée toute leur vie. Certains, pleins d'espoir et d'attentes brillantes, montèrent à bord du navire qui devait les emporter, tandis que d'autres – et ceux-ci étaient bien plus nombreux – le cœur triste et les yeux voilés de larmes quittèrent leur île natale. Complètement solitaire et désolé, le petit rocher se dressait dans le vaste océan alors qu'il s'éloignait lentement de la vue, et de nombreuses larmes silencieuses furent versées et un dernier adieu murmuré pour la chère vieille maison que la plupart d'entre eux ne devaient plus voir et que pour beaucoup était très sacré à cause des êtres chers qui y dormaient.

Le passage à l'île Norfolk s'effectua en trente-six jours et fut, dans l'ensemble, plutôt agréable que autrement pour les émigrants. Mais peu d'entre eux ont souffert du mal de mer pendant tout le voyage. Le 8 juin 1856, le *Morayshire* arrivait à l'île Norfolk, et le digne capitaine était bien content de se débarrasser de la foule bruyante, des enfants surtout, qui mettaient à rude épreuve sa patience et qui égayaient souvent le navire de leurs cris. et crie. Aucun décès n'est survenu pendant le voyage, mais un pauvre petit bébé, malade tout au long du trajet, ne s'est attardé que quelques jours après l'atterrissage, puis est décédé.

Lorsque le *Morayshire* est arrivé sur l'île Norfolk, le HMS *Herald* était déjà sur place pour effectuer des relevés. Les bateaux de ce dernier navire abordèrent le nouvel arrivant, apportant des provisions acceptables de provisions fraîches. Son peuple a également très gentiment aidé au débarquement des émigrés et de leurs marchandises. L'équipage d'un baleinier a également apporté son aide. Lorsque le *Morayshire* partit, après un séjour d'un peu plus de deux semaines, le capitaine emmena les quelques personnes qui se trouvaient sur l'île pour s'occuper de la propriété avant qu'elle ne passe entre d'autres mains. Les passagers qui ont quitté l'île Norfolk sur le *Morayshire* étaient M. Stuart, qui faisait office de gouverneur, et sa femme, un homme du nom de Rogers, sa femme et sa petite fille, ainsi qu'un couple âgé nommé Waterson. Il y avait en outre huit forçats réformés, dont le travail était de s'occuper des affaires du lieu.

La vieille Mme Waterson a raconté un rêve qui l'a marqué. Quelques nuits avant le débarquement des émigrants, elle lui sembla voir une femme grande, large et au teint foncé, debout à ses côtés. Tout ce qui concernait le rêve était si vivant, même le nom de la femme, Rachel, qu'elle était convaincue que cette personne était sur le prochain navire. Aussi, lorsque les gens débarquèrent, elle partit à la recherche de la réalité et scruta avec une curiosité curieuse chaque visage qu'elle voyait. Ne rencontrant dans la rue personne répondant à la description, elle se dirigea vers la jetée et, à quelques minutes de marche de l'endroit, découvrit l'objet de sa recherche assis sur les marches de l'hôpital des forçats. Un accueil chaleureux suivit, avec l'explication que la connaissance avait déjà été faite dans un rêve, et Mme Waterson fut particulièrement heureuse d'apprendre que le rêve était fidèle au nom même, la personne étant Rachel Evans, la fille de John. Adams. Avant même que la vieille dame ne quitte l'île, cette agréable connaissance s'était transformée en une chaleureuse amitié.

L'occupation de Rogers sur l'île était celle d'un éleveur et d'un surveillant. Un jour, marchant le long d'une certaine route, en compagnie de quelques-uns des nouveaux colons, il remarqua, dans un esprit ludique, que lorsque cette route particulière était en cours de construction, il faisait partie de la bande de forçats ainsi employés, ayant été envoyés à l'île Norfolk. accusé d'avoir abattu son officier supérieur. « Mais, remarqua-t-il agréablement, ma peine a expiré depuis quelque temps. » Sept autres hommes, presque tous des ex-détenus, constituaient le total de ceux qui restaient pour entretenir les lieux. Ces hommes s'occupaient du bétail, traitaient les vaches, tenaient la laiterie et effectuaient de tels travaux. La gentillesse et l'attention manifestées par chacun d'eux envers les nouveaux arrivants ne pouvaient être surpassées.

Chacun s'efforçait de montrer aux nouveaux arrivants les différents bâtiments et leurs divers usages, parmi lesquels l'ancienne et la nouvelle caserne, la maison du gouvernement, la prison et la prison, tous solidement construits en pierre, dont certains étaient aussi beaux que beaux. fort. De nombreuses histoires terribles ont également été racontées concernant l'île et ceux qui y étaient envoyés pour être punis, mais il ne restait presque aucune trace pour témoigner de la vérité des sombres histoires de sang et de crime. À un endroit, à l'extérieur du cimetière, était montré un monticule de plusieurs pieds de long, où moisissait la poussière de treize hommes qui avaient été pendus pour quelque crime épouvantable sur les arbres au-dessus, tandis que leur tombe ouverte béait sous eux.

GROUPE D'ENFANTS AUTOCHTONES.

Un témoin oculaire a raconté qu'un jour, alors qu'une bande de forçats construisaient un pont au-dessus d'un ruisseau, l'un d'eux a assassiné un agent de police qui dirigeait la bande. De cet acte effroyable, la scène du meurtre tire son nom et le « Pont Sanglant » se dresse, un monument durable du crime horrible qui y a été commis. On a raconté l'histoire tragique d'un condamné qui avait réussi à s'échapper de l'île Norfolk vers une autre petite île distante d'environ trois milles, appelée Philip Island. D'une manière ou d'une autre, cet homme, connu sous le nom de Jacky-Jacky, a été découvert et un bateau a été immédiatement envoyé pour sécuriser le prisonnier évadé. Se retrouvant découvert et poursuivi, et choisissant la mort plutôt que la capture, Jacky-Jacky se dirigea vers le point culminant de l'île, à plusieurs centaines de pieds au-dessus du niveau de la mer, où il se laissa tomber et périt ainsi.

Ce ne sont là que quelques-unes des histoires racontées par ceux qui étaient eux-mêmes témoins de ces scènes horribles, histoires encore plus sombres et plus effrayantes dans leur nature que celles liées à la première installation de l'île récemment désertée par les émigrés. Mais les actes d'horreur et les effusions de sang avaient disparu avec la vie de ceux qui les avaient commis, et tout annonçait le calme et la paix lorsque la petite colonie entra dans leur nouvelle possession.

CHAPITRE XII.

UN BON PATRIMOINE

L'ÎLE NORFOLK, désormais destinée à devenir la demeure des insulaires de Pitcairn, possède une beauté remarquable. Ayant été habitués toute leur vie à des maisons en bois de la plus simple description, couvertes de chaume et se dressant ici et là au milieu des arbres, la vue de rues régulièrement tracées et de maisons en pierre était une expérience entièrement nouvelle pour les nouveaux colons. Lorsqu'ils prirent possession de leur demeure actuelle, toutes les maisons d'habitation, ainsi que les édifices gouvernementaux, étaient en bon état de conservation, et certains de ces derniers étaient de splendides structures.

La maison du gouvernement occupait une place bien en vue sur une légère éminence presque au centre de la ville, et ses appartements spacieux, ainsi que son extérieur, étaient bien entretenus. Le grand jardin attenant montrait des signes d'entretien d'antan, mais tout avait été laissé libre, et les vignes se mêlaient dans une heureuse confusion aux chèvrefeuilles, capucines et autres plantes grimpantes en fleurs.

Enfermés dans de hauts murs de pierre se trouvaient les bâtiments de l'ancienne et de la nouvelle caserne, tandis qu'à proximité de cette dernière se trouvaient les ruines de ce qui avait été un bel hôpital, qu'un incendie avait détruit. A côté, mais séparé par un mur, se trouvait le beau magasin du commissariat, aujourd'hui l'église des habitants actuels.

La grande et sombre prison était la figure centrale d'un groupe de bâtiments situés près de la mer, ayant l'église protestante d'un côté et la chapelle catholique romaine de l'autre. Celle-ci conservait encore de nombreux signes des offices extérieurs de cette dernière église, notamment les tableaux criards qui ornaient les murs, dont un grand représentant la vierge à l'enfant.

Séparés de ces églises par un passage étroit et sans soleil, formé par les murs d'enceinte, se trouvaient les bâtiments des prisons, solidement construits en pierre. L'endroit où la potence était érigée à l'époque où la mort était la peine du crime était particulièrement intéressante. Même si le temps était révolu où l'on pouvait assister à de telles scènes, un sentiment proche de l'horreur ne pouvait être réprimé en passant sous l'endroit où tant de personnes avaient fait leurs derniers adieux de la vie, et les cellules silencieuses et étroites qui l'entouraient semblaient presque dans l'obscurité. écho de son pas pour pousser les soupirs tristes et les gémissements du désespoir, alors que le criminel condamné attendait le moment où il devrait être appelé pour affronter son destin.

En attendant qu'un état de choses plus stable soit atteint, dès leur arrivée, les familles étaient disposées en groupes de deux ou trois et s'amusaient ensemble. Deux femmes, dont les familles respectives occupaient la même maison, sortirent un jour à la recherche d'herbes vertes pour se nourrir. Ils se félicitèrent d'avoir trouvé une bonne réserve d'oignons et rapportèrent chez eux leurs trésors, heureux à l'idée du goût qu'ils ajouteraient au repas du soir. Un rire chaleureux accueillit la découverte que leurs précieux oignons étaient les bulbes de narcisse, que dans leur ignorance ils avaient si naturellement pris pour des oignons.

Les maisons d'habitation différaient à tous égards et étaient tout à fait supérieures aux chaumières que les gens avaient occupées si récemment. Celles-ci étaient construites principalement en pierre, les murs intérieurs étant soigneusement plâtrés, et leur toit était en bardeaux provenant du pin de l'île Norfolk. Les maisons se composaient généralement de quatre grandes pièces avec cheminées attenantes. Chaque cuisine, qui était un bâtiment séparé, était recouverte de pierre et possédait une grande cheminée et un four en brique sur un côté de la cheminée. L'intérieur a été rendu clair et propre en étant fréquemment blanchi à la chaux. Attenant à chaque maison se trouvait un jardin ; et les fleurs belles et parfumées ravissaient les sens de la vue et de l'odorat. Dans l'ensemble, le changement était un gain décisif, et tout n'annonçait que prospérité et bonheur en réserve pour le peuple qui avait été si hautement favorisé.

LE « PITCAIRN » ET L'HOMME DE GUERRE AU LARGE DE L'ÎLE PITCAIRN

Pour les insulaires de Pitcairn, l'île Norfolk était littéralement une terre « où coulent le lait et le miel ». Même si la vue d'une vache leur était familière, ils n'étaient guère préparés au grand nombre de bovins forts et en bonne santé qu'ils voyaient, qui fournissaient le lait, tandis que le miel était obtenu des arbres creux où les abeilles sauvages construisaient leurs ruches. . L'île abritait également deux ou trois mille moutons, outre le bétail et les chevaux ; mais les moutons n'étaient pas entièrement indemnes de maladie et beaucoup d'entre eux moururent. L'herbe qui recouvrait une grande partie de l'île offrait des pâturages abondants aux troupeaux qui s'y nourrissaient.

Le sol et le climat de l'île étaient favorables à la culture de divers fruits, et les citrons, les goyaves, les pêches, les figues, les raisins blancs et violets, les nèfles, les coings, les mûres, les grenades, les pastèques, etc., etc., étaient produits en grande quantité. abondance.

L'île était bien boisée. De vastes bosquets de pins de l'île Norfolk prêtaient leur concours pour ravir les yeux, tandis qu'une variété d'arbres nobles embellissaient et enrichissaient la terre, leur feuillage luxuriant offrant une ombre agréable aux chanteurs à plumes qui réveillaient si doucement les échos avec leurs notes gazouillantes.

Des cours d'eau traversent l'île dans plusieurs directions, mais il n'est pas rare que l'eau soit cachée à la vue par l'épaisse végétation de drapeaux et de roseaux qui recouvrent leurs rives marécageuses, et les cours d'eau eux-mêmes regorgent d'anguilles. L'approvisionnement abondant en eau n'était pas le moindre des bienfaits accordés aux gens, car dans leur ancienne maison, ils savaient ce que c'était que de souffrir faute d'eau. Mais maintenant « les lignes leur étaient tombées dans des endroits agréables ; oui, ils avaient un bel héritage. En effet, cet héritage était si beau qu'il semblait impossible de se rendre compte qu'il ait jamais été le lieu de tant de misère et de crime ; et les paroles du poète chrétien n'auraient pas pu être appliquées avec plus de justesse qu'à cette belle île,

« Là où chaque prospect plaît,

Et seul *l'homme* est vil.

Le long de la côte sud s'étend une longue ligne de récif de corail qui, s'étendant sur une certaine distance dans la mer, rend dangereux pour un navire de s'approcher trop près de la terre. Un peu au-delà de ce récif se dresse un rocher connu sous le nom d'île Nepean, que seul un ou deux pins soulagent de sa totale stérilité. Sur ce rocher, les baleines se rassemblent en grand nombre pour déposer leurs œufs, très recherchés par les hommes pour se nourrir. Alors que l'île Nepean est couverte d'oiseaux marins en période de ponte, l'île Philip, qui se trouve plus au large, est envahie par des lapins sauvages, qui y habitent et se nourrissent des rares herbes que produit le sol pauvre. D'excellents poissons de nombreuses variétés abondent dans les eaux autour de l'île. Entourés de tout ce dont ils avaient besoin et vivant toujours ensemble dans un cercle ininterrompu, tout semblait promettre contentement et bonheur. Mais, comme on le verra, il ne fallut pas longtemps avant que le cœur de certains se languit de l'ancienne maison et désire y revenir.

Environ deux mois après l'arrivée des nouveaux colons, l'évêque de Nouvelle-Zélande s'est rendu sur l'île Norfolk à bord de son yacht *Southern Cross*, apportant une grande quantité de farine et d'autres choses nécessaires pour répondre aux besoins immédiats de la population. Il était arrivé sur l'île peu de temps auparavant, mais comme le *Morayshire* n'était pas encore arrivé, il était retourné en Nouvelle-Zélande. Or, lors de ce deuxième voyage, il avait amené avec lui sa dame, ainsi que son aumônier, le révérend JC Patteson, qui était destiné à devenir un martyr de la cause qu'il aimait.

Mme Selwyn est restée sur l'île Norfolk, tandis que l'évêque retournait à ses travaux. Elle gagna bientôt le cœur du peuple et apporta une grande aide dans l'enseignement à l'école de jour ainsi qu'à l'école du dimanche. Elle a essayé de faire comprendre aux jeunes femmes et filles à qui elle enseignait l'importance de pratiquer des habitudes de propreté et d'industrie lorsqu'elles étaient jeunes, en leur apprenant également à cuisiner. Cette dame énergique ne se contentait pas de simplement donner des instructions, mais rendait fréquemment visite à ses élèves chez eux pour voir si ces instructions avaient été suivies ou non. De cette manière, un bien plus durable fut accompli et de nombreux bénéfices réels résultèrent de son travail patient et consciencieux.

Lorsque les insulaires de Pitcairn prirent possession de l'île Norfolk, ils comprirent que l'île leur appartenait, car c'était ainsi qu'ils avaient interprété la lettre que leur avait envoyée avant leur déplacement, par Sir William Denison, alors gouverneur de la Nouvelle-Galles du Sud. En arrivant dans leur nouvelle maison, ils ont constaté que deux hommes étaient déjà là pour partager la terre entre les nouveaux arrivants. Ces derniers les informèrent discrètement que leurs services n'étaient pas nécessaires, les insulaires étant capables de se débrouiller seuls. Les deux hommes partirent sur le *Morayshire* et, après avoir fait rapport aux autorités compétentes, deux autres géomètres furent rapidement envoyés sur l'île Norfolk avec l'ordre de mesurer l'île entière et de la diviser en lots de cinquante acres. Chaque famille possédait cinquante acres à partager, une portion plutôt inférieure à celle qu'elles s'étaient d'abord partagées entre elles. Par la suite, lorsque le gouverneur lui-même visita l'île, sa lettre lui fut montrée comme une autorité suffisante pour justifier le peuple dans la voie qu'il avait prise. Il prit tranquillement possession de ce document et remarqua que les choses avaient quelque peu changé depuis la rédaction de la lettre. [5]

[5] La possession de l'île Norfolk était une question très controversée. Lorsque Mgr Selwyn était responsable de la Nouvelle-Zélande en tant que diocèse, il souhaitait supprimer le siège de la mission mélanésienne de l'île Norfolk, mais ni le comité de l'île Pitcairn dans son pays, ni le gouverneur de la Nouvelle-Galles du Sud, Sir W. Denison. , a jugé préférable qu'il en soit ainsi. Quelques années plus tard, lorsque Mgr Patteson était chef de la mission, la question fut de nouveau évoquée. Alors que certaines personnes étaient favorables au mouvement, d'autres s'y opposaient fermement, mais la question fut finalement réglée par l'achat par l'évêque de plusieurs milliers d'acres de terre, avec l'autorisation de Sir John Young, gouverneur de la Nouvelle-Galles du Sud. il a été ainsi autorisé par le gouvernement du pays. Ainsi, le désir du cœur de Mgr Selwyn fut exaucé par le déplacement de la mission mélanésienne de la Nouvelle-Zélande vers l'île Norfolk.

Lorsque Son Excellence Lord Augustus Loftus effectua une visite officielle sur l'île Norfolk en 1884, il chercha à dissiper l'impression « tenace » des habitants selon laquelle l'île leur appartenait entièrement et leur parla très clairement concernant l'utilisation et l'abus de l'île. , insistant fortement sur le fait qu'il faudrait laisser abattre tant d'arbres sans en planter d'autres à leur place.

Lors de la prochaine visite de Sir William à l'île Norfolk, il informa la population qu'un maître d'école et un meunier avec leurs familles étaient alors en route depuis l'Angleterre pour s'installer parmi eux. Il y avait en outre un cordonnier et un tailleur de pierre. "Mais", a ajouté le gouverneur, "j'ai arrêté le cordonnier à Sydney, car je n'aimais pas l'apparence de cet homme."

Une lettre avait été écrite au peuple vers cette époque par leur vieil ami le baron de Thierry, alors demeurant à Auckland. Il contenait des conseils si judicieux et de si bons conseils à l'égard du peuple quant à son bon usage des nombreux privilèges qui lui étaient accordés, que Sir William le déclara « digne d'une place dans les archives de l'île ». Le gouverneur lui-même a donné de sages conseils au peuple et les a encouragés à s'efforcer de faire de leur mieux pour s'acquitter de leurs diverses fonctions dans la vie inédite qui les attendait, démontrant combien dépendait de leurs propres efforts pour assurer le succès. dans l'amélioration générale d'eux-mêmes et de leur environnement.

Au moment voulu, le groupe attendu d'Angleterre arriva. L'école, alors tenue par Simon Young, fut aussitôt remise entre les mains de M. Thomas Rossiter. Il était un excellent disciplinaire et se montrait pleinement qualifié pour assumer la tâche de gérer et de contrôler les enfants, qui mettaient souvent sa patience à rude épreuve. L'une des pièces spacieuses du deuxième étage de la nouvelle caserne avait été transformée en salle de classe, et ici, une fois par semaine, M. Nobbs avait, pendant plusieurs années, l'habitude de rendre visite aux enfants dans le but de donner quelques cours religieux. instruction. Cela consistait principalement à les ancrer complètement dans les enseignements du catéchisme de l'Église et à soumettre les élèves les plus avancés à une série de questions et de réponses préparatoires à leur devenir candidats à la confirmation.

M. Rossiter, tout en s'occupant de ses devoirs quotidiens de maître d'école, encouragea également les gens à s'appliquer à la culture de la terre et à cultiver les produits des champs et du jardin pour l'exposition annuelle qu'il institua. Grâce à ses conseils et à son exemple, il a remporté un succès encourageant. Sous sa main habile, la confusion sauvage du jardin négligé du gouvernement faisait place à l'ordre et à la beauté, et les grappes riches et mûres de raisins succulents témoignaient de l'attention particulière qui leur était accordée.

James Dawe, le meunier, ne trouvait pas son activité très lucrative. Le premier effort consistait presque à réparer le moulin à eau et le barrage attenant, qui avaient longtemps souffert de négligence. Le moulin fut bientôt mis en état de marche, économisant ainsi beaucoup de main d'œuvre. Mais un désaccord surgit entre le meunier et le groupe d'hommes qui travaillaient avec lui, ce qui le conduisit à quitter l'île, avec sa famille, après un séjour de moins de deux ans. Quant au tailleur de pierre, il n'y avait pas d'emploi pour lui sur l'île, aussi, après avoir réparé un ou deux murs brisés, il repartit pour Sydney, où il trouva un bon emploi et un bon salaire.

Une nouvelle entreprise fut entreprise par les anciens Pitcairnais. Constatant qu'un grand nombre de baleines fréquentaient les eaux autour de l'île à certaines saisons de l'année, ils décidèrent d'acheter des bateaux et tous les articles nécessaires à la capture de ces monstres. Ils se montrèrent habiles dans cette nouvelle entreprise et réussirent dès le début. Le pétrole a obtenu un marché facile à Sydney et à Auckland.

CHAPITRE XIII.

HO! POUR PITCAIRN

Entre-temps, deux familles étaient retournées dans leur ancienne maison. Les avantages supérieurs dont jouissait leur nouveau foyer, les commodités familiales plus grandes, les privilèges éducatifs plus étendus, l'accès et la communication plus faciles avec le monde extérieur, tout cela ne pesait pas autant pour eux que le désir de revoir l'endroit qu'ils aimaient. comme *à la maison* . Les familles étaient composées de Moses Young, de sa femme et de cinq jeunes enfants, et de Mayhew Young, qui avait épousé la veuve de Matthew McCoy, leur petite fille, et six autres enfants du premier mari de la femme. Ceux-ci constituaient le premier groupe de retour, seize âmes en tout, quatre hommes et douze femmes. Trois filles de l'ancienne Mme McCoy sont restées sur l'île Norfolk, les deux aînées avec leurs maris et la plus jeune mariée. Si les enfants avaient été consultés à ce sujet, tous ceux qui étaient en âge de réfléchir auraient choisi de rester, mais la seule alternative était d'obéir et de suivre leurs parents.

Un groupe beaucoup plus nombreux avait d'abord décidé de revenir et avait déjà transporté ses marchandises à bord du navire qui devait les emporter, mais les larmes et la persuasion des amis dont ils étaient sur le point de se séparer étaient plus que ce qu'ils pouvaient faire. Ils ont résisté et ils ne sont donc pas partis, comme ils l'avaient initialement prévu. La séparation était triste. Un dernier rassemblement dans l'église où ils avaient adoré pendant deux ans, un dernier mélange de leurs voix dans le chant d'adieu, chanté en hésitant, tandis que les sanglots étouffaient l'expression et que les larmes obscurcissaient la vue, puis la prière finale fut prononcée dans des tons tremblants et avec un tendre sérieux par les lèvres de leur fidèle pasteur, M. Nobbs, recommandant la compagnie qui partait aux soins de Dieu. Ainsi s'opérait la première séparation entre des gens qui, depuis soixante ans, vivaient ensemble comme une seule famille, partageant les joies et les peines de chacun, la première séparation qui ne laissait aucun espoir de se revoir jamais. La goélette *Mary Ann* , qui les emmena, partit le deuxième jour de décembre 1858, et arriva à destination le dix-septième jour du mois suivant, janvier 1859, faisant un voyage de quarante-six jours.

Les quelques hommes qui débarquèrent les premiers de la goélette n'étaient que peu de temps à terre lorsqu'ils virent un bateau bien équipé s'approcher du lieu de débarquement de Bounty Bay. L'équipage du bateau, comme ils le découvrirent bientôt, appartenait à un navire français, le *Joséphine* .

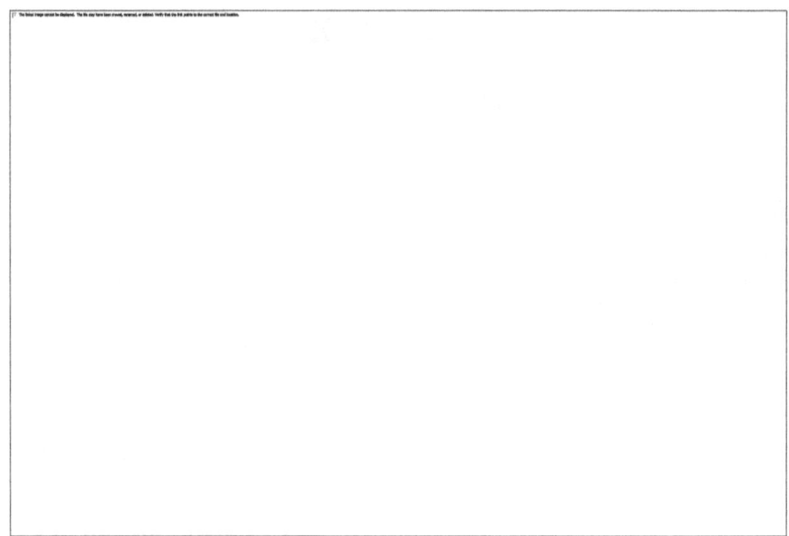

GROUPE FAMILIAL D'AUTOMÈTES.

Un autre suivit de près le premier bateau, mais, rencontrant quelque accident au lieu de débarquement, les bateaux revinrent bientôt à leur navire, et il s'éloigna, au grand soulagement et à la satisfaction des deux familles venues rester et qui n'étaient pas un peu consternés à la pensée que l'étranger était si proche d'eux.

Les deux familles et leurs biens furent rapidement débarqués sains et saufs. Une inspection du village déserté a montré des preuves irréfutables que l'île avait été habitée par quelqu'un pendant au moins une courte période, après le déplacement des anciens habitants. Un tonneau de sel, de la vieille vaisselle ramassée dans les maisons désertes et divers autres articles ménagers avaient été rassemblés, évidemment pour l'usage de quelqu'un dans le besoin. Certaines maisons ont été détruites par un incendie, tandis que d'autres ont été détruites. Autant de preuves que l'île avait été récemment occupée. Mais l'affaire fut vite éclaircie. On ramassa dans la salle de classe une ardoise sur laquelle étaient écrits avec un instrument de fer les noms de quelques hommes qui avaient trouvé un asile sur l'île, après avoir perdu leur navire sur Oeno, une île corallienne basse, entourée de récifs d'environ quatre-vingts ans. milles au nord-ouest de l'île Pitcairn.

D'autres détails furent ensuite obtenus, d'abord d'un marin américain qui avait été laissé sur l'île par le capitaine du baleinier *Hiawatha* , et plus tard d'une copie de l' *Ami* , envoyée sur l'île par le fidèle ami du peuple, le révérend Samuel. C. Damon, d'Honolulu, îles hawaïennes. Dans l' *Ami* se trouvait le récit de la perte du *Wildwave* sur l'île d'Oeno. Le navire était sous le commandement du capitaine JN Knowles, qui, au début de 1858, effectuait un voyage de San Francisco vers l'un des États de l'Est et qui, après avoir perdu son navire, vint avec les membres de l'équipage qui le souhaitaient. à l'île Pitcairn, où ils restèrent jusqu'à ce qu'un bateau ait été construit avec les matériaux que l'île offrait, pour les transporter à Tahiti, d'où il était possible de trouver un passage pour rentrer chez eux.

Environ vingt-trois ans plus tard, l'un des garçons revenus avec le premier groupe, devenu maintenant un homme d'âge moyen, se trouvait à San Francisco. Pendant qu'il était là, il se rendit au bureau du capitaine Knowles et entendit de la bouche même de ce gentleman le récit intéressant suivant de leur détention forcée sur l'île Pitcairn :

Le *Wildwave* quittait San Francisco lorsqu'il est devenu une épave sur les récifs de l'île d'Oeno. Outre le capitaine, les officiers et l'équipage, il y avait dix passagers, soit en tout environ trente-sept personnes, qui débarquèrent toutes saines et sauves sur l'île. Les restes d'un frère du capitaine Knowles, qui étaient ramenés chez eux pour être enterrés, ont également été ramenés à terre et enterrés. La pierre tombale qui accompagnait le corps devait également marquer le dernier lieu de repos des morts. Lorsque tout ce qui pouvait contribuer à leur confort eut été débarqué, les naufragés se mirent aussitôt à tirer le meilleur parti des circonstances. D'abondantes réserves de nourriture avaient été ramenées à terre du navire, et si cela devait échouer avant que les secours ne puissent arriver, le grand nombre d'oiseaux, ainsi que de poissons, suffirait à les empêcher de mourir de faim.

Mais le capitaine sentit qu'une action immédiate devait être prise, et ainsi, aussi rapidement que possible, un bateau fut préparé et approvisionné, et lui-même, M. Bartlett, le second, le charpentier et quatre matelots prirent congé de les trente hommes partirent sur Oeno et se dirigèrent vers l'île Pitcairn, pour obtenir si possible de l'aide pour eux et leurs compagnons. Le capitaine, par une sage prévoyance, avait, avant de partir, emmené le second et d'autres pour marquer l'endroit où trois ou quatre oiseaux couvaient leurs œufs. Ces oiseaux ont ensuite été sécurisés et emmenés avec le groupe dans le bateau, pour être leurs porteurs de nouvelles au cas où ils atteindraient leur destination en toute sécurité. C'est ce qu'ils ont fait. Ils débarquèrent du côté ouest de l'île, et le bateau fut arrêté à quelques mètres seulement du bord de l'eau, car le capitaine avait l'intention de retourner le plus tôt possible à Oeno. Ce plan fut cependant contrecarré par une calamité inattendue.

Le premier soin du capitaine et du second, après avoir traîné le bateau jusqu'à l'endroit où il devait être laissé, fut d'en retirer tous leurs instruments nautiques, puis, prenant les oiseaux dans leurs mains, ils se mirent en route vers la haute colline. menant au village. Des bandes de cuir avaient été préparées sur lesquelles envoyer le message de leur bonne arrivée à leurs compagnons sur Oeno. Ces missives ayant été solidement attachées aux oiseaux, ils furent relâchés et le groupe resta debout, quelque peu anxieux, à les regarder prendre leur envol. Au début, cet encombrement inhabituel semblait susceptible d'entraver leur progression, et les observateurs les voyaient « tourner en rond comme s'ils étaient un peu étourdis », mais ils reprirent bientôt leur attitude habituelle, et les hommes eurent la satisfaction de voir les oiseaux suivre leur chemin. dans la ligne directe d'où ils étaient venus. Avec le temps, les hommes d'Oeno eurent le plaisir d'apprendre que le petit groupe était en sécurité, parti pour Pitcairn, mais l'espoir de les revoir bientôt ne se réalisa pas, et plusieurs mois d'observation lasse s'écoulèrent avant que de nouvelles nouvelles ne leur parviennent.

Pendant ce temps, les sept hommes, après avoir veillé au bon vol des oiseaux, se mirent en route. Arrivés au sommet de la colline, ils contemplèrent le petit village de chaumières niché au milieu des orangers. Ces arbres, même à cette distance, paraissaient chargés de fruits dorés. Le spectacle était très agréable aux naufragés, mais aucune fumée qui ne s'élevait ne témoignait que l'endroit était habité. Quelques minutes de marche rapide les conduisirent aux maisons silencieuses, où l'on ne voyait pas un être humain. Pendant un jour ou deux, ils restèrent dans le village désert, avec l'intention de retourner bientôt auprès de leurs compagnons d'Oeno ; mais le second, ayant eu l'occasion de passer du côté ouest, constata avec consternation que le bateau, qui avait été laissé trop près de l'eau, avait non seulement été atteint par les fortes vagues qui s'étaient élevées en leur absence, mais avait été brisé. au-delà de la réparation.

Ce désastre inattendu était la cause de graves inquiétudes, et il ne restait plus qu'à se mettre au travail et à construire un autre bateau. C'était une question très difficile, car les matériaux et les outils étaient rares et pauvres. Pour obtenir des clous, certaines maisons furent démolies et d'autres incendiées. Les arbres furent abattus, et comme les hommes n'avaient pas de scies, la hache fut conçue pour faire office à la fois de scie et de hache, occasionnant ainsi une grande perte de temps et de matériel. Mais malgré les nombreux inconvénients, les travaux se sont poursuivis avec constance et courage.

Enfin le bateau fut terminé. La voile du bateau brisé et tout ce que l'on pouvait trouver dans les maisons constituaient le gréement de la petite embarcation, qui s'appelait *John Adams* . Les ornements de l'ancienne chaire de l'église fournissaient le rouge, et un morceau de calicot bleu pris sur un vieux lit servait pour le sol, sur lequel étaient disposées les étoiles blanches du drapeau américain ; et ainsi, avec les étoiles et les rayures flottant sur le mât de leur petit navire, il fut lancé, après des mois de travail et d'attente fatigués et anxieux, rendus doublement anxieux par le fait de savoir que les proches à la maison se languissaient de suspense et d'incertitude. concernant leur sort.

Deux des hommes, craignant de s'aventurer dans le bateau qu'ils avaient aidé à construire, sont restés sur place jusqu'à ce qu'une aide d'une source plus fiable puisse leur parvenir. En raison de vents contraires, le capitaine Knowles n'est pas retourné à Oeno, comme il l'avait initialement prévu, mais a plutôt mis le cap sur Tahiti, faisant une brève escale à l'île de Nukahiva en chemin. À Tahiti, ils trouvèrent le sloop de guerre américain *Vandalia* . L'histoire du naufrage et les faits ultérieurs furent bientôt racontés, et le *Vandalia* se porta immédiatement à la rescousse. M. Bartlett, le second du *Wildwave* , accompagna également l'équipe de sauvetage, qui atteignit en temps voulu Oeno, où ils trouvèrent les trente hommes vivants et en bonne santé. Ceux-ci ayant été reçus à bord, le *Vandalia* se rendit à l'île Pitcairn, où se trouvaient les deux autres hommes de l'équipage, tous deux en excellente santé, mais heureux de quitter cet endroit si solitaire et isolé.

Après que le capitaine Knowles fut arrivé à Tahiti, il ne tarda pas à saisir la première occasion pour rentrer chez lui, car il était extrêmement inquiet pour sa femme, inquiétude qui n'était que trop bien fondée, car la pauvre dame était morte de chagrin et d'attente désespérés au sujet de sa femme. le sort de son mari.

CHAPITRE XIV.

UNE DÉSAGRÉABLE SURPRISE

Au cours de notre récit, nous revenons maintenant aux deux familles de Pitcairn. Leur première nuit à terre se passa dans l'une des vieilles maisons qui était si épaisse couverte de pousses de haricots sauvages que tous étaient sûrs qu'elle offrirait la meilleure protection contre la pluie, si la pluie tombait. Mais ils furent bientôt convaincus de leur erreur lorsque, pendant la nuit, une pluie battante les sortit de leur sommeil en tombant sur eux à travers la frêle couverture des vignes. Tôt le lendemain, ils se rendirent dans une autre maison, qui offrait un meilleur logement, et où ils restèrent jusqu'à ce que leurs propres chaumières soient réparées. Ils venaient à peine de terminer les travaux d'aménagement de leur nouvelle demeure, lorsque quelques jeunes filles sortirent, accompagnées d'une de leurs mères, pour visiter ce lieu abandonné. Alors qu'ils n'étaient qu'à une courte distance de la maison, ils aperçurent, venant vers eux par le sentier couvert de brousse, deux hommes qui venaient de débarquer d'un navire, inconnus de tous ceux qui se trouvaient sur l'île. A la vue des étrangers, dont l'un portait un fusil, l'autre était un homme de couleur, la femme et les filles crièrent et s'enfuirent, l'une des filles, terrorisée, tomba de plusieurs mètres des branches d'un oranger sur lequel elle avait grimpé. grimpé.

Poussés par la crainte obsédante que quelque chose d'horrible allait se produire, ils coururent en toute hâte vers la maison où se trouvaient l'autre femme et les enfants. Leurs regards effrayés indiquaient assez clairement que quelque chose d'inhabituel s'était produit, et, serrés les uns contre les autres, l'histoire de ce qu'ils avaient vu se répétait. Mais ils se félicitaient de ce que leur retraite ne serait pas facile à découvrir, car le chemin était presque caché à la vue par l'épaisse végétation des herbes et des buissons. Pire encore, leurs protecteurs naturels étaient tous absents de chez eux à ce moment-là. Leur terreur pouvait être mieux imaginée que décrite lorsque, quelques minutes après, le visage de l'homme noir apparut à travers une ouverture dans les arbres, et immédiatement derrière lui se trouvait son compagnon blanc. Le groupe de femmes et d'enfants timides pouvait difficilement s'empêcher de crier à haute voix, mais l'homme de couleur leur assura, avec un sourire agréable, qu'il n'y avait rien à craindre et que le fusil avait été ramené à terre pour un autre jeu qu'eux-mêmes. Il ne leur fallut pas longtemps pour apaiser leurs craintes, lorsqu'ils découvrirent que l'homme noir était en réalité une personne aimable et aimable ; mais l'autre homme se tenait à l'écart et n'avait presque pas un mot à dire. Ils acceptèrent tous deux volontiers la nourriture des mains des femmes, qui leur donnèrent également la permission de prendre tous les fruits qu'ils souhaitaient.

Les visiteurs les informèrent qu'ils venaient de débarquer d'un baleinier, le *William Wirt*, et qu'ils avaient emporté avec eux leurs munitions dans le but de se procurer du gibier. Un autre baleinier arriva le même jour, et leurs équipages respectifs rapportèrent à leurs navires une grande quantité de nourriture pour animaux, qu'ils avaient prise à la chasse, à savoir des chèvres, des volailles et des poissons, car tous étaient si faciles à obtenir à bord. compte de leur grand nombre.

La recherche des œufs de poule donnait une occupation très agréable aux jeunes gens, car l'île était presque envahie par l'immense multiplication des volailles ; les personnes âgées n'étaient pas non plus moins actives que les enfants pour partir à la chasse aux œufs. Pour eux, la vie semblait être un cycle continu de jouissance présente. Il n'y avait pratiquement aucun besoin de travail, car l'île produisait en abondance plus que suffisant, tant de nourriture animale que végétale, pour tous leurs besoins : chèvres, moutons, volailles et beaucoup de poissons, devenus apprivoisés après avoir été laissés. si longtemps dans leur liberté intacte. Un obstacle aux plaisirs des jeunes gens était la présence du peu de bétail sur l'île, dont la simple vue suffisait pour les faire courir se réfugier jusqu'à l'arbre le plus proche, sinon à une distance facile de leurs maisons. Comme l'île est trop petite pour permettre l'augmentation du bétail, on a jugé préférable de les extirper ; et, de manière très imprudente, le bétail condamné fut finalement détruit.

FRUIT À PAIN.

Durant ces années, la productivité de l'île était remarquable. Les fruits à pain, les ignames, les pommes de terre, le taro, ainsi que les délicieux fruits qui poussaient sur l'île, semblaient épargnés par la malédiction. Il ne semblait pas possible qu'en quelques années un changement si profond puisse s'opérer au point d'affecter la quasi-totalité des productions de l'île. Mais c'était ainsi. Étant abondamment approvisionnées en nourriture, avec à peine un effort de leur part, les deux familles n'avaient pas grand-chose à faire. La fabrication du *tappa* , cependant, donnait du travail à tous pendant trois ou quatre mois de l'année, et c'était aussi un travail pénible, avec tous les divers processus par lesquels il passait. Une description des travaux peut être donnée ici.

Tout d'abord, les plantes doivent être coupées et débarrassées de leur écorce. Chaque écorce est ensuite pelée et la partie interne battue jusqu'à ce qu'elle devienne molle et que les fibres se séparent. Vient ensuite le lavage, et cela se répète jusqu'à ce que toute trace de la sève abondante soit éliminée. À ce stade, la substance s'est élargie jusqu'à cinq fois sa largeur naturelle et présente une belle apparence de dentelle. Il est ensuite enveloppé dans les grandes feuilles de l' *appi* (*arum gigantum*), suffisamment enfermées dans l'enveloppe pour former une feuille. Au repos quelques jours, il devient mou et presque pulpeux. Ensuite, il est prêt à être disposé en bandes de la longueur requise, une écorce étant superposée sur une autre jusqu'à obtenir l'épaisseur appropriée. Le tout est ensuite battu, deux personnes étant nécessaires pour ce faire, se tenant debout de chaque côté d'une bûche large, longue et bien rabotée, appelée « dood-a », et avec leurs lourds batteurs gardant le rythme avec le la plus grande exactitude. Le travail est bruyant et fastidieux. Lorsque chaque feuille est terminée, elle est durcie en l'étalant quotidiennement au soleil. Ceci est continué jusqu'à ce que le tissu semblable à du papier puisse supporter le lavage. Pour le rendre résistant, il est teint, le colorant étant obtenu en trempant l'écorce interne rouge du *doodooee* (candlenut) dans l'eau. Une fois sèche, la teinture a une couleur brun rougeâtre, qui est très jolie lorsqu'elle est fraîche.

La majeure partie de ce travail désagréable était accomplie par les deux mères de famille, car elles ne pouvaient pas confier le travail délicat de la manipulation des draps facilement blessés aux mains inexpérimentées des jeunes filles. Celles-ci, de huit à treize ans, ont grandi dans une ignorance presque totale de l'art de la couture, et ce pour la bonne raison qu'elles n'avaient rien pour apprendre. Le fil était trop précieux pour être gaspillé dans l'apprentissage de la couture aux enfants, et si les quelques aiguilles se cassaient ou étaient perdues, il n'y avait aucune possibilité de les remplacer ; en outre, chaque morceau de calicot qui pouvait être utilisé pour apprendre à coudre était soigneusement conservé comme pièce future pour le vêtement, qui ne devenait que trop facilement usé jusqu'à la corde. Habituellement, une fente dans la manche ou sur le côté d'une robe ou d'un jupon était resserrée au moyen d'une ficelle fournie par l'écorce fibreuse de l' arbre *boo-ron* . Mais ces filles jouissaient malgré tout de leur vie sauvage et libre, et étaient heureuses de posséder une santé parfaite, beaucoup à manger et à boire, et leurs vêtements, s'ils étaient pauvres et même en lambeaux, étaient maintenus aussi propres que la nature de leurs devoirs le permettait. tandis que dans leurs personnes, ils étaient particulièrement purs.

Vivant une vie aussi libre et sauvage qu'ils l'ont fait, et avec tant de temps libre, il n'est pas étonnant que les jeunes, sans aide, tournent leur attention vers les livres et cherchent à éduquer leur esprit dans le connaissances à en tirer. Ce fait causa beaucoup d'inquiétude à deux au moins d'entre eux, Sarah McCoy, la fille aînée, et aussi son frère. Ces deux jeunes gens avaient été membres de la classe de Mme Selwyn pendant leur séjour de deux ans sur l'île Norfolk, et rien ne leur avait causé plus de regret en quittant cet endroit que le fait que leur éloignement les avait coupés de tant d'enseignements. avantages obtenus là, ayant justement éprouvé assez de plaisirs de la connaissance pour en désirer davantage. Poussés par les nécessités de l'affaire à faire ce qu'ils pouvaient, ces deux jeunes gens rassemblèrent les livres qu'ils pensaient pouvoir les aider, qu'ils trouvèrent dans l'ancienne salle de classe, avec des ardoises et des crayons, et ouvrirent une école dans l'ancienne école de M. Nobbs. étudier, pour une classe de six ou sept filles et un garçon, en leur donnant des leçons de lecture, d'écriture et d'orthographe, en leur apprenant aussi l'addition, la soustraction, la multiplication et la division.

Mais chercher des œufs de poule, s'occuper des poules, courir avec une brouette sur une colline escarpée, se balancer sur les longues racines pendantes des grands banians, et d'autres emplois de même nature, étaient bien plus adaptés aux goûts des gens. des enfants vifs, en bonne santé et aux membres actifs plutôt que de rester assis à bourdonner paresseusement sur leurs livres et à réciter d'une manière traînante « Ab-ba, père », et ainsi de suite ; et quand, pour une mauvaise conduite, le jeune professeur faisait des remontrances, il était accueilli par un rire moqueur ; ou s'il tentait d'administrer le bâton, il se heurterait à un tel esprit de défi que ses tentatives de punition seraient inutiles. De telles scènes se terminaient généralement par l'érudit indiscipliné grimpant avec l'agilité d'un chat sur les poteaux de la maison, où il méprisait son professeur et se sentait à l'abri d'une punition bien méritée.

ENFANTS ET BROUETTE.

Malgré un comportement aussi fâcheux de la part des enfants plus âgés, les professeurs, qui ont longtemps souffert, ont réussi à accomplir ce qu'ils s'étaient fixés et ont eu la satisfaction de voir leurs élèves en difficulté accomplir la tâche d'apprendre à écrire, en plus de pouvoir lire. Ils ont également appris assez bien l'orthographe et ont pu maîtriser les règles les plus simples de l'arithmétique. En octobre 1860, le HMS *Calypso* visita l'île et y resta quelques heures. L'aumônier du navire débarqua et manifesta beaucoup d'intérêt pour l'instruction religieuse des enfants et leur droit à l'éducation. En partant, les aimables visiteurs ont fourni à la petite école des livres, des ardoises et des crayons, des cahiers, des plumes, des porte-plume et de l'encre, un cadeau qui a été très apprécié et reçu avec beaucoup de reconnaissance.

Le dimanche, les deux familles se réunissaient pour le culte dans la maison de Moses Young, chacun des deux hommes participant parfois à la direction des services, mais le plus souvent le maître de maison officiait, et en stricte conformité avec la liturgie de l'Église d'Angleterre dans le Livre de prière commune.

Moses Young, qui possédait un fifre sur lequel il discourait souvent sur de la musique douce, était également un excellent interprète de violon. À la capacité qu'il possédait de jouer avec une habileté considérable sur ses instruments préférés, s'ajoutait une connaissance limitée de la musique écrite, acquise sous la direction compétente de M. Hugh Carleton. Il essaya de mettre en valeur ces connaissances et forma une classe composée de quatre adultes, dont lui-même, et d'autant de jeunes qu'il le souhaitait, auxquels il enseigna toute la gamme. Après avoir enseigné à sa petite classe « do, re, mi, fa, sol, la, ti, do » et appris les sauts, *à l'infini* , il fit un progrès soudain vers quelques-uns des vieux airs d'église standard et réussit à faire revivre, pour le bénéfice de ses jeunes apprenants, les vieux airs de Truro et de Clarendon, et leur enseigner en outre un air entièrement nouveau. Il n'a pas accompli davantage sa louable entreprise, probablement parce que ses élèves ne lui ont pas donné les encouragements nécessaires, ou bien il a lui-même freiné leur ardeur, comme il le fit dans le cas suivant. Un soir, à la fin de l'exercice habituel, et avant la fin de la classe, le professeur proposa de chanter l'hymne national. Divers efforts ont été déployés avant d'obtenir le pitch approprié. Enfin, la mélodie fut réellement lancée et l'hymne chanté. Les lignes finales,—

"Déverse un rayon sur son cœur

Du jour glorieux de la sagesse ;

J'ai adoré l'emprise de Victoria—

Dieu sauve la reine,"

ont été chantés d'une manière exprimant l'entière satisfaction des chanteurs dans la performance. Leur chef, cependant, pensait différemment et, attendant que les dernières notes aient cessé, il tourna vers ses élèves un visage rayonnant d'une gaieté à peine réprimée et remarqua : « Votre chant ressemble au bruit que fait un essaim de grosses mouches. .» Il a ensuite éclaté d'un rire joyeux, auquel toute sa classe s'est jointe.

En octobre 1862, le HMS *Charybdis* effectua une brève visite sur l'île. Comme il était impossible d'atterrir à Bounty Bay, les visiteurs contournèrent vers l'ouest, où la première moitié du chemin menait à une colline haute et escarpée. Mais la promenade s'accomplit joyeusement, et une chaleureuse hospitalité leur fut offerte lorsqu'ils atteignirent le petit village, un repas substantiel des meilleurs que l'île leur offrait étant préparé pour eux. Les deux humbles maisons ont été mises en valeur, et les draps en lin et en coton soigneusement conservés ont été sortis et exposés sur les lits, en l'honneur des visiteurs.

Les *Charybde* ne restèrent qu'une journée, s'approvisionnant en bonne partie de tout ce que produisait l'île. La petite île était si fructueuse au moment de leur visite que les officiers déclaraient qu'elle ressemblait « à un petit jardin d'Éden ». Un récit imprimé de la visite de *Charybde* à Pitcairn a été envoyé à l'île Norfolk. La nouvelle, lorsqu'elle fut reçue, après un long silence de près de cinq ans, provoqua parmi les parents et les amis une excitation indescriptible, et les sourires et les larmes se succédèrent rapidement tandis que la description courte mais intéressante de l'ancienne maison et de l'être aimé. celles-ci étaient lues et relues à des oreilles et à des cœurs qui ne semblaient jamais se lasser d'écouter.

CHAPITRE XV.

LA DEUXIÈME PARTIE RETOURNE

Le temps passa et de nouveau les préparatifs furent faits à Norfolk pour le deuxième groupe de retour sur l'île Pitcairn. Quatre familles ont décidé de partir. Il s'agissait d'abord de jeudi O. Christian, de sa femme et de ses neuf enfants. La vieille mère de Mme Christian les accompagnait également dans le but de revoir son fils, Mayhew Young, qui était du premier groupe. La vieille dame était Elizabeth Mills, fille unique de John Mills, du *Bounty*, et le fils qu'elle allait voir était nommé en souvenir affectueux de son ami très estimé et bien connu, le capitaine Mayhew Folger, qui avait découvert le colonie sur l'île Pitcairn cinquante-cinq ans auparavant. Les autres familles étaient Robert Buffett et son épouse, Samuel Warren et sa femme, fille de TO Christian. Ces dernières personnes se sont mariées à la veille de quitter l'île Norfolk. En plus de ceux mentionnés ci-dessus se trouvaient Simon Young, sa mère (Hannah Adams), sa femme et huit enfants. Le nombre des personnes composant le second parti était de vingt-sept. Leurs amis étaient fortement opposés à leur départ et faisaient tout ce qui était en leur pouvoir pour les inciter à rester.

POINT DE VUE.

Cette dernière famille était parmi les premières à avoir décidé de revenir et à avoir fait les premiers pas pour se préparer au retour ; mais le fait que le prix du passage par le premier navire n'était pas payé avec son propre argent avait suffisamment de poids pour Simon Young pour décider d'attendre jusqu'à ce qu'il soit en mesure de défrayer les frais de passage pour lui-même et sa famille.

Ayant eu une petite expérience dans l'enseignement aux enfants à l'école de la semaine, en plus d'avoir été pendant des années professeur à l'école du dimanche, il était également très préoccupé par le bien-être des jeunes qui l'avaient précédé dans l'ancienne maison et par la pensée de leur le besoin, ainsi que son propre amour profond du *foyer*, semblaient le pousser à franchir le pas actuel. En vain les parents et les amis soumettaient-ils aux parents la question du bien-être futur de leurs enfants ; leur décision était prise, le passage déjà engagé, et il ne fallait plus songer à se retirer.

Leurs proches n'étaient pas non plus les seuls à s'opposer à leur départ. Dans une lettre envoyée à l'épouse de Simon Young, Mme Selwyn a exprimé non seulement son opinion, mais également les opinions de Mgr Selwyn et de Mgr Patteson, en ce qui concerne le ministère de la parole de Dieu et les ordonnances qui s'y rapportent. Parlant des « nouvelles importantes » qui leur sont parvenues en Nouvelle Zélande, elle déclare : « Je ne cacherai pas que cela m'a fait beaucoup, beaucoup de peine. Je n'ai jamais eu, comme nous tous, une seule opinion sur le retour à l'île de Pitcairn, et vous savez très bien quelle est cette opinion ; et je suis plus inquiet que je ne peux le dire de constater que votre famille sera la première lors du prochain départ. Aux yeux des évêques et à moi-même, cela semble une responsabilité très sérieuse pour quiconque de se mettre volontairement, lui et sa famille, hors de portée de tous les moyens de grâce désignés par Notre-Seigneur lui-même comme nous étant nécessaires. C'est une toute autre affaire s'il s'en trouve privé sans faute ni intention de sa part, comme vous l'étiez tous au bon vieux temps de Pitcairn.

Écrivant sur le même sujet, Mgr Patteson s'exprime ainsi dans une lettre à Simon Young : « Je crains que vous ne ressentiez pas l'importance réelle de ce point sur lequel j'insiste tant », *c'est-à-dire* « *la chose la plus essentielle de toutes : le ministère autorisé de la parole et des sacrements* . « Vous pouvez ou non penser que les ministères de Mgr Selwyn, ou de moi-même, ou de M. Nobbs, sont édifiants – ce n'est pas la question. C'est le Christ lui-même qui, par les mains de ses ministres régulièrement nommés, donne à son propre peuple ses propres bénédictions. Si vous vous privez volontairement et par votre propre acte, vous et votre famille, de cette bénédiction, comment la recevrez-vous ? Christ le donne à sa manière ; de quel droit vous ou quiconque avez-vous négligé Sa voie, et pourtant pensez recevoir la bénédiction ?

« Et si vous ne faites pas bien en vous retirant de tels privilèges, vous pouvez être sûr que vous ne ferez pas de bien aux autres. Vous les encouragerez dans une voie qui n'est pas bonne. Vous devriez utiliser toute l'influence dont vous disposez pour empêcher les autres de profiter des bénédictions que vous avez sur l'île Norfolk et que vous n'aurez *pas* sur l'île Pitcairn.

« Et en référence à ce que vous dites à propos du « chemin tracé par Dieu ». Mon cher ami, il arrive souvent qu'un homme se décide vraiment sur un point, même s'il n'est guère disposé à se l'avouer ; puis, avec un dessein déjà bien ancré dans son esprit, il cherche des conseils et une direction... Maintenant, si vous avez le moindre doute sur la voie que vous vous proposez de suivre, et vous *devez* avoir des doutes, vous *devez* voir qu'il ne peut pas être juste de laissez les bénédictions dont j'ai parlé – vous ne pouvez pas faire paraître ce qui est mal comme étant correct par un autre processus que celui de l'auto-tromperie.

« Votre objectif est de faire du bien à ceux qui sont partis. Mais si la bénédiction de Dieu ne vous accompagne pas, vous ne pouvez pas et ne leur ferez pas de bien ; et si ce n'est pas bien d'y aller, ce n'est pas bien d'encourager les autres à y aller. Pourquoi es-tu « désolé qu'ils soient partis » ? Non seulement parce qu'ils ont quitté leurs amis, mais vous êtes, je l'espère, désolé parce qu'ils continuent de vivre séparés des ministères réguliers de l'Église. Mais vous ne pouvez pas subvenir à ce besoin ; vous n'ajoutez qu'au nombre de ceux qui sont dans le besoin. Vous désapprouvez leur conduite, et pourtant vous la suivez. Mais vous pensez que vous allez les aider. Non, mon ami, en faisant ce qui est au moins douteux, sinon mal, vous êtes bien loin de les aider. Vous vous blessez, ainsi que votre famille, et vous encouragez ceux qui sont partis à réfléchir à la légère à l'erreur qu'ils ont commise.

GROUPE DE JEUNES HOMMES.

«J'ai écrit avec force, mais vous savez pourquoi. Si j'ai dit la vérité, que Dieu la bénisse pour notre bien à tous deux.

Cette lettre, écrite dans un langage si clair et si fort, et qui témoignait une telle sollicitude pour le bien spirituel de ceux qui étaient sur le point de partir, ne manqua pas de faire une profonde impression, mais non de manière à convaincre que la démarche qui allait se faire être prise était une mauvaise décision.

Quant à leur propre pasteur, M. Nobbs, il s'était fortement opposé au retour des deux premières familles, mais il était maintenant plutôt disposé à ce que les autres suivent. En fait, loin de décourager une telle démarche, il était heureux de pouvoir trouver quelqu'un qui irait volontairement et, du mieux qu'il pourrait, instruirait les enfants qui grandissaient si loin des privilèges éducatifs. Rapidement, le jour approchait, celui d'assister à une autre séparation douloureuse. Comme dans le premier cas, les jeunes du deuxième groupe de retour ne partageaient pas les sentiments de leurs parents. L'île de Pitcairn n'avait aucun attrait pour eux, et l'île de Norfolk, qui les *abritait*, était rendue doublement chère en raison des nombreux compagnons et amis aimés qui devaient rester derrière eux.

Une épreuve douloureuse pour Simon Young, sa femme et sa famille fut la séparation d'avec le fils aîné, un jeune de dix-huit ans, qui, avec un fils de M. Nobbs, fut laissé avec l'évêque Patteson, pour être par lui formé et équipé.

pour une vie future utile au travail de la mission. C'était le choix et la résolution du jeune homme de rester avec l'évêque, qui, tant à son compagnon qu'à lui-même, avait toujours fait preuve de la bienveillante et tendre considération d'un parent dans tout ce qui concernait son meilleur intérêt. Ainsi, aussi triste que soit la séparation ou l'épreuve difficile, les parents savaient que leur fils était entre de bonnes mains, et Mgr Patteson avait écrit que, dans la mesure où ils le pourraient, lui-même et Mme Selwyn rempliraient la place des parents pour lui. Son compagnon avait toujours été pour lui comme un frère cher. [6]

[6] Edwin Nobbs et Fisher Young rejoignirent la mission mélanésienne sous la direction de son premier évêque, le très révérend JC Patteson, le premier devenant probablement le successeur de son père, le révérend GH Nobbs, pasteur de l'église de l'île Norfolk. . Mais il ne devait pas être. Moins de quatre ans après avoir rejoint la mission, l'évêque se rendit sur l'île de Santa Cruz et trouva les indigènes hostiles à leur débarquement. Lors de la première visite de l'évêque, les indigènes s'étaient montrés amicaux, mais maintenant, en août 1864, une attaque soudaine et inattendue fut lancée par les indigènes contre leurs visiteurs, et les jeunes hommes, Edwin et Fisher, furent blessés, le premier à sa gauche. joue, le plus tard dans son poignet gauche. Un Anglais, nommé Pierce, a été blessé à la poitrine, mais il s'est rétabli. Fisher mourut le huitième jour, après avoir souffert des terribles agonies du tétanos. Son corps a été débarqué à Port Patteson et enterré là-bas. Son compagnon profondément triste a assisté aux funérailles, l'exposition provoquant un rhume qui a entraîné la même grave maladie. Tout ce que les soins les plus affectueux pouvaient suggérer fut fait pour eux, mais en vain. L'évêque, écrivant sur cette triste période, a déclaré : « Je n'ai jamais connu une telle tristesse ; jamais je n'ai été aussi brisé par trop de chagrin. Ils moururent tous deux dans les bras de l'évêque, presque les derniers mots de chacun étant une prière pour leurs assassins. Edwin a été enterré en mer. On peut vraiment dire d'eux que

«Ils étaient beaux et agréables dans leur vie,

Et dans la mort, ils n'ont pas été divisés.

L'évêque Patteson, bien-aimé, fut lui-même victime de l'assaut meurtrier des indigènes, le 20 septembre 1871, sept ans après la mort des jeunes hommes.

Et maintenant, l'heure était venue de la séparation définitive. Une fois de plus, des amis affligés se rassemblèrent dans l'église, qui ne connaîtrait plus à jamais la présence de certains d'entre eux, pour implorer l'aide et la bénédiction divine sur tous, mais plus spécialement pour confier les amis qui partaient aux soins et à la garde de leurs fidèles. Dieu. L'hymne, composé par M. Nobbs et chanté à la première occasion, fut de nouveau chanté, dont les deux dernières strophes sont données ici, celles-ci se référant directement à ceux sur le point de partir, étant composées pour cette réunion spéciale d'adieu :

« Pour ceux qui demeurent dans la chair,

Bien qu'absent de notre vue,

Pour leur souvenir, nous conserverons

Affections pures et lumineuses ;

Bien que séparé, séparé, loin,

Peut-être ne plus nous rencontrer,

Pour leur prospérité, nous prierons,

Et je les aime comme avant.

« Une fois de plus, la cravate est divisée ;

Les frères et sœurs se séparent ;

La triste séparation proche

Imprègne de chagrin chaque cœur ;

Ici, maintenant, sous ce toit sacré

De nouvelles bénédictions que nous implorons,

Sous nos larmes la preuve fervente,

'Nous t'aimerons comme avant.'

Dans la grande compagnie réunie pour le dernier service d'adieu, il n'y avait guère un œil qui ne soit voilé de larmes. Les frères et sœurs, ainsi que les parents et les enfants, qui n'avaient jamais su ce que signifiait la séparation, étaient sur le point d'en ressentir la douleur. Peut-être que personne n'a ressenti plus l'amertume de la séparation que les deux mères âgées, Elizabeth Young et Hannah Young, qui laissaient derrière elles les enfants les plus chers pour retourner dans la maison lointaine de leur enfance. La nuit qui suivit la réunion d'adieu fut une nuit d'éveil pour ceux que la séparation concernait le plus, car le lendemain assisterait au départ. Le matin s'est levé trop tôt. Toute la communauté, y compris toutes les autres familles récemment installées parmi eux, accompagna le groupe qui partait jusqu'au quai. De grands sanglots et de nombreuses larmes révélaient à quel point la séparation était une dure épreuve. Enfin tout fut fini, la dernière étreinte affectueuse, le baiser prolongé, la poignée de main chaleureuse, et les voyageurs s'embarquèrent dans leur petit vaisseau pour retourner vers l'île isolée où les deux autres familles les avaient précédés six ans auparavant. Deux hommes, proches des familles qui partaient, les accompagnaient en visite.

Un décès a eu lieu avant la fin du voyage, celui d'un enfant de Thursday Christian, qui souffrait depuis quelque temps avant de quitter l'île Norfolk. À la demande de la mère, le capitaine a aimablement consenti à conserver le corps, afin qu'il soit amené et déposé avec d'autres de ses enfants dans le cimetière de l'île Pitcairn. Le corps fut mis dans un tonneau, placé à l'avant du navire sur le pont, et fut pendant quelque temps un objet de terreur pour les esprits superstitieux des jeunes gens du bord, qui se demandaient comment la mère avait osé s'approcher du là-bas en pleine nuit et y pleure son enfant. Peu à peu, cependant, les sentiments de crainte et de peur s'estompèrent, et alors que le petit navire approchait de la fin de son voyage, il ne restait plus que le souhait que la douce enfant ait été épargnée pour atteindre l'endroit où ils allaient. Et aussi, le chagrin de se séparer de leurs amis sur l'île Norfolk a progressivement perdu de son amertume à mesure que l'idée de revoir bientôt leurs amis longtemps séparés était caressée. Pourtant, les soupirs fréquents et les larmes silencieuses indiquaient que les êtres chers n'étaient pas oubliés. Il était particulièrement touchant de voir les deux vieilles dames, qui n'avaient pas de famille grandissante pour absorber leurs pensées, s'asseoir ensemble et pleurer des larmes silencieuses, comme le feraient les vieilles, sur les fils et les filles qu'elles ne devaient plus voir.

CHAPITRE XVI.

La réception

La goélette *St. Kilda* , qui transportait le deuxième groupe de retour vers l'île Pitcairn, quittant l'île Norfolk le 18 décembre 1863, atteignit sa destination le 2 février 1864, le voyage étant dans l'ensemble agréable. Il faisait nuit lorsque le petit navire atteignit la fin de son voyage, une belle nuit, calme et claire, et les gens à terre sans méfiance ne songeaient pas à revoir demain les visages longtemps absents de parents et d'amis, et se préparaient à se retirer. se reposer lorsque le coup de fusil aiguisé au-dessus de l'eau rompit le silence. À bord, c'était l'agitation et l'agitation, les tirs de mousquets, les jeunes hommes hurlant et allumant des lampes de poche pour attirer l'attention de ceux à terre, appelant même certains d'entre eux par leur nom, car le navire était proche de la terre.

La parfaite Babel des sons réussit bientôt à éveiller non seulement les paisibles habitants, mais aussi leur terreur. Sortant de leurs maisons, ils se précipitèrent vers la partie du terrain dominant la mer, d'où provenait le bruit, pour essayer de découvrir la cause d'un tel tumulte. Une terreur indéfinissable s'empara de leurs cœurs lorsqu'ils aperçurent les lumières et entendirent les coups de fusil répétés et aigus sur l'eau. On recommanda aux enfants de ne pas s'exposer, mais de rester cachés derrière les buissons et les arbres épais, de peur qu'une balle perdue ne les frappe, car ils ne savaient pas qu'on ne mettait dans les barils que de la poudre. Aucune réponse ne fut adressée du rivage aux personnes à bord, les insulaires effrayés jugeant plus prudent de garder un silence parfait et d'attendre le matin pour connaître la cause de tous ces troubles.

Très tôt le lendemain matin, deux des hommes partirent dans leurs canots et furent agréablement surpris de constater que le redoutable ennemi de la nuit précédente n'était qu'un groupe de vieux amis venus s'installer de nouveau dans leur ancienne demeure. Dès que possible, le bateau fut abaissé et les passagers débarqués. Ils ne furent pas peu amusés de constater que les jeunes filles de l'île n'étaient en aucun cas remises de leur frayeur, mais, à l'approche des premières personnes débarquées, elles s'enfuirent dans différentes directions pour se cacher, et purent à peine se laisser convaincre par leurs mères à venir saluer leurs amis. Peu à peu, cependant, leur extrême timidité s'est dissipée, et bientôt ils ont commencé à causer entre eux de tout ce qui s'était passé depuis leur longue séparation.

À l'exception du fait que les terrains autrefois cultivés étaient tous envahis de mauvaises herbes et que les maisons étaient pour la plupart en ruines, il ne semblait y avoir, du moins aux yeux des personnes âgées, aucun changement dans l'île. Mais pour les plus jeunes, le changement par rapport à l'île qu'ils venaient de quitter faisait une grande impression : les maisons d'habitation et les cuisines, dans leur nudité laide et leur aspect souillé de fumée, contrastaient défavorablement avec les maisons bien construites et les cuisines bien rangées auxquelles ils avaient été habitués. à. Les fours également, où se faisait la majeure partie de la cuisson, n'étaient que des trous creusés dans le sol, la chaleur nécessaire étant obtenue à partir d'un certain nombre de petites pierres placées sur un tas de bois après que le feu ait été allumé pour chauffer les pierres. Le revêtement de ces fours est constitué de feuilles et, par-dessus, d'une épaisse couche de terre qui empêche efficacement la vapeur de s'échapper, qui cuit si complètement et si bien les aliments qui y sont placés.

L'apparence aussi du petit village était si différente de l'endroit où ils avaient vécu naguère ! Au lieu d'une longue rangée de maisons bien alignées côte à côte, face à une rue large et bien pavée, il n'y avait ici que quelques habitations humblement couvertes de chaume, dont deux seulement étaient habitables, à moitié cachées parmi l'épaisseur des arbres qui les entouraient. . Mais l'aspect général, si différent, n'en était pas moins beau, et la vue des orangeraies, déployant leur richesse de fruits dorés, était un tableau très agréable aux jeunes gens, qui n'avaient jamais vu un pareil spectacle auparavant. Près d'eux, on pouvait voir les arbres à pain, avec leurs grandes et belles feuilles, poussant côte à côte avec le *fei* , ou plantain de montagne, aux feuilles brillantes et sombres, dont le lourd bouquet de fruits était soutenu en position verticale par une grosse tige qui s'élevait. directement du centre des feuilles, tandis qu'ici et là un cocotier prêtait son concours gracieux pour embellir le paysage. Dominant le tout et ravissantes dans leur délicat feuillage vert clair, se trouvaient les branches largement étalées du puissant banian, dont les racines, lorsqu'elles pendent des branches au-dessus, prouvent une si forte tentation pour les garçons et les filles d'aller se balançant sur eux. Parfois, un accident se produit en se balançant sur les racines des banians, mais dans aucun cas cela n'a été mortel et dans un seul cas, des os ont été brisés.

Tout ce qui concerne l'île, et la façon de cuisiner et de vivre en général, intéressait beaucoup les jeunes. Jamais auparavant ils n'avaient entendu un tel chœur de chants de coq au petit matin, ni les gazouillis incessants d'innombrables poules, alors qu'ils suivaient leurs mères occupées et gloussantes. Les garçons et les filles, pour qui une vie aussi libre et sauvage représentait un changement désirable par rapport à l'enfermement d'un long voyage, se livrèrent de bon cœur au plaisir de sortir à la recherche des œufs de poule, dont on trouvait en abondance dans toute l'île. . Pour eux, le temps passait vite, comme de longues vacances, car dans l'état instable des choses, ils n'étaient confinés à aucune tâche scolaire.

Il y avait beaucoup à entendre et à dire des deux côtés. Une histoire qui intéressa beaucoup les nouveaux arrivants était celle d'un navire péruvien, chargé d'indigènes, arrivé à Pitcairn depuis l'île de Pâques l'année précédente, en 1863. Le capitaine du navire, en s'approchant suffisamment, ordonna qu'un bateau soit abaissé et équipé. . Il monta lui-même dans le bateau pour chercher un lieu d'accostage. Les gens à terre observant le bateau qui approchait, deux hommes partirent en canot à la rencontre des étrangers. Le capitaine les aborda en leur demandant : « Pouvez-vous parler *anglice* ? Ayant reçu une réponse affirmative, il dit qu'il allait à terre pour voir s'il pourrait obtenir de la canne à sucre pour le chargement d'esclaves qu'il avait à bord et qu'il les emmenait, leur dit-il, chez eux. En débarquant, il essaya, par de nombreux arguments, de persuader tous les membres des deux familles de le raccompagner au navire, où, leur assura-t-il, ils recevraient un traitement bienveillant. Une chose à laquelle il s'opposait était leur connaissance de la langue anglaise, et il leur dit également que leur peau n'était pas aussi foncée qu'il s'y attendait.

Les supplications du capitaine pour qu'ils montent à bord, et ses expressions de bonté souvent répétées à leur égard, contribuèrent à éveiller leurs soupçons, et ils refusèrent fermement ; cependant, les deux hommes qui étaient venus à la rencontre du bateau montèrent à bord du navire. Là, ils virent un spectacle qu'ils ne pouvaient pas facilement oublier. De nombreux indigènes pauvres d'âges différents, depuis les très jeunes enfants jusqu'aux hommes et femmes dans la vie moyenne et au-delà, dont beaucoup étaient entièrement nus, étaient entassés dans la cale étroite et étouffante du navire. Ceux qui n'étaient pas entièrement nus n'avaient qu'une ceinture pour se couvrir. Tout le monde semblait triste, et leurs visages portaient la trace de beaucoup de tristesse et avaient un air de misère désespérée. L'atmosphère du lieu où étaient enfermés les pauvres indigènes était très malsaine, faute d'air frais, et beaucoup d'esclaves souffraient d'une toux pénible qui secouait leur corps. Le capitaine leur dit qu'il se rendait aux îles Gambier, en route pour ramener les pauvres créatures dans leurs maisons.

Ce n'est que plusieurs années plus tard que la vérité sur le navire et ses affaires a été révélée. Les indigènes étaient emmenés sur la côte péruvienne pour y travailler comme esclaves, et le capitaine essayait d'obtenir tout ce qu'il pouvait pour l'accompagner. Longtemps après, certains des survivants sont retournés chez eux sur l'île de Pâques, mais avec leur retour ont été introduites certaines maladies jusqu'alors inconnues parmi leur peuple. Leur retour était donc autant une cause de regret que de joie.

Alors que les deux familles de l'île de Pitcairn bénéficiaient d'une santé robuste et d'une nourriture abondante, leurs vêtements étaient très rares et étaient obligés de servir longtemps après qu'ils soient usés jusqu'à la corde, et alors qu'ils avaient à peine assez de corps pour tenir ensemble. Leur approvisionnement très limité provenait de navires baleiniers qui faisaient escale de temps en temps pour obtenir de nouvelles provisions. Une fois, ils furent imposés de la manière suivante : le capitaine d'un certain baleinier, ayant besoin de quelque chose de frais sous forme de fruits et d'autres choses, fit escale sur l'île pour s'approvisionner. Il prit aux insulaires cent dix-huit volailles, un certain nombre de porcs, environ dix-huit tonneaux en tout d'ignames et de pommes de terre, et de grandes quantités de fruits, dont la récolte et le transport jusqu'au lieu de débarquement occupaient une poignée d'hommes et des femmes et des quelques enfants en âge de pouvoir aider, pendant une semaine entière. Les gens avaient cruellement besoin de vêtements, qui auraient très bien pu leur être vendus en échange de ce qu'ils donnaient, mais ils recevaient en échange environ seize mètres de calicot, trois boîtes de savon, dont deux transportées ensemble formaient un chargement confortable. pour un garçon à transporter, et le marché fut complété par l'ajout d'une bobine de corde et de deux cuves à moitié usées, qui servaient à vider la boue des puits de l'île qui nécessitaient un nettoyage. Le capitaine a invoqué des temps difficiles pour justifier ce qu'il avait donné, et les gens devaient se contenter d'une telle explication. Mais en racontant ensuite cette histoire, beaucoup ont ri de bon cœur, à leurs propres dépens, vu avec quelle facilité on les avait imposés et comment ils l'avaient pris comme une évidence.

CHAPITRE XVII.

DE NOUVEAU À LA MAISON.

Visite du HMS Sutlej

Comme il fallait s'y attendre, les premières semaines qui ont suivi l'arrivée du deuxième groupe ont été en effet des semaines très chargées. Ils étaient logés du mieux qu'ils pouvaient dans les deux petites habitations des familles arrivées en premier. Mais les inconvénients liés à des logements aussi bondés ont été supportés avec joie. En peu de temps, une demeure temporaire pour chaque famille des nouveaux arrivants fut érigée, dans laquelle ils s'installèrent jusqu'à ce que leur maison permanente soit construite. Alors que tous les hommes et les garçons se sont emparés du travail, s'aidant volontiers et joyeusement, les travaux de construction ont progressé rapidement.

Une pause agréable dans les semaines chargées fut la visite de l'amiral Sir John Kingcome dans son vaisseau amiral, le *Sutlej* , le 29 mars 1864. La journée était parfaite, avec à peine une ondulation sur la mer, et le ciel portait ses plus belles couleurs. bleu. La vue des grands bateaux remplis d'hommes allant et revenant entre le rivage et le navire était très appréciée des insulaires. Une grande foule d'officiers et d'hommes débarqua, et tous semblaient beaucoup apprécier leur visite, et ils profitèrent volontiers du privilège de prendre gratuitement tout ce que l'île produisait. Les jeunes messieurs ont manifesté beaucoup d'intérêt pour la préparation d'un dîner préparé pour eux dans le style des îles, en particulier pour la partie qui consistait à habiller un cochon et à le cuire dans le four souterrain primitif, un favori mode de cuisson de la viande parmi le peuple.

Dans l'après-midi, comme les gens avaient été aimablement invités à visiter le navire, presque tous montèrent à bord et passèrent un moment délicieux à visiter les différentes parties du grand navire et à écouter avec un plaisir passionnant l'orchestre qui discourait sur la musique la plus douce. La visite du *Sutlej* était opportune en ce qui concerne au moins un jeune homme. Il avait une blessure au genou droit qui menaçait de lui être fatale, mais le chirurgien du navire, après l'avoir examinée, sonda la blessure et appliqua les remèdes appropriés. La guérison qui suivit fut rapide et complète. Dans le long intervalle qui suivit l'arrivée de l'amiral, alors que les insulaires semblaient complètement coupés du reste du monde, le plaisir que leur procurait sa visite restait encore comme un point lumineux dans le cycle de leur vie monotone.

A cette époque, la principale préoccupation de la population était de construire une maison convenable pour le culte public. Les offices se déroulaient dans l'une des maisons d'habitation qui, bien qu'il y ait suffisamment d'espace pour accueillir confortablement les deux familles arrivées en premier, était désormais trop petite pour le nombre croissant de fidèles. Dès que ces nouveaux arrivants furent installés dans un certain confort, les travaux de construction de l'église et de l'école commencèrent. Des mains volontaires rendirent un travail léger et, malgré le manque d'ouvriers, la simple structure en bois, au toit de chaume, fut dûment achevée et consacrée au service divin. C'était un jour joyeux lorsque la petite congrégation se réunissait pour la première fois dans ses humbles murs pour adorer Dieu, et le culte n'était pas moins fervent car au-dessus d'eux il n'y avait qu'un toit de chaume nu. Simon Young était désormais le chef du peuple et, en plus de ses services pour le bien-être spirituel du peuple, se chargeait d'instruire, au mieux de ses capacités, les jeunes et les enfants dans les « trois R ». — lecture, écriture et rithmétique. Ayant rapporté de l'île Norfolk une petite quantité de manuels scolaires, il put, grâce à leur aide, guider les esprits jeunes et ignorants dans la poursuite de quelque chose de plus élevé que la recherche des œufs de poule et leur propre plaisir.

SIMON JEUNE ET FEMME.

Possédant une assez bonne connaissance de la musique simple, il enseignait également, avec les petits moyens dont il disposait, aux enfants à chanter. Après les avoir guidés dans les airs les plus simples, il leur apprit, et avec beaucoup de succès, à chanter à quatre voix, et le fait que sur quinze élèves de la classe, dix étaient capables de lire la musique à vue, lui donna un grand encouragement dans cette branche de la musique. son travail. Recommencer sa vie, construire des maisons et cultiver la terre pour subvenir aux besoins d'une famille nombreuse ne lui laissait guère de loisir pour se perfectionner, mais ce qu'il était capable de faire, il le faisait fidèlement. En cultivant la terre, la femme et les enfants aidaient, allégeant ainsi les lourdes tâches du mari et du père. Aucune œuvre n'était autorisée à remplacer ce qui était le but et l'objet le plus cher de toute sa vie, à savoir chercher à inculquer la connaissance dans l'esprit des jeunes et les aider à aimer ce qui est bon, pur et vrai, et à inspirer à rechercher par eux-mêmes les trésors de connaissances que l'on peut obtenir dans les ouvrages d'autres hommes, dont il possédait quelques volumes. Il organisa également une école du dimanche, assumant d'abord tout le travail sur lui-même et, lorsque la nécessité s'en faisait sentir, désignant d'autres personnes pour l'aider.

En décembre 1864, six des jeunes — trois des colons les plus âgés et trois des autres — furent unis par les liens du mariage, le mariage ayant lieu le jour de Noël. Pour la partie la plus jeune de la communauté, au moins, l'excitation d'un triple mariage était une chose très agréable pour briser la monotonie de leur vie tranquille et isolée.

En 1866, un navire de guerre, le *Mutine* , fit escale sur l'île, apportant des lettres de parents et d'amis de l'île Norfolk, le premier mot qu'ils avaient reçu depuis leur séparation, près de trois ans auparavant. La journée de novembre a été orageuse, si orageuse que le navire n'a été retardé que le temps de livrer le courrier, un canot avec deux hommes à son bord ayant réussi à traverser les lourds déferlantes et la mer agitée pour atteindre le navire. La nouvelle apportée était pour la plupart triste, car la mort de plusieurs amis chers a été enregistrée, mais celle qui a le plus profondément touché les gens a été la nouvelle de la mort d'Edwin Nobbs et de Fisher Young, qui avaient été abattus par les indigènes de Santa. Cruz, lorsqu'ils visitèrent ce lieu avec l'évêque de Mélanésie. Bien que les deux jeunes hommes fussent morts deux ans avant que la nouvelle ne leur parvienne, la perte de leur fils aîné a frappé les parents de Fisher Young avec tout le choc d'un deuil soudain et inattendu, et les cris déchirants de la mère exprimaient le chagrin. ressenti pour son fils. Il avait été consacré à Dieu avant sa naissance, et son chemin choisi était celui d'un missionnaire, et ce n'était pas non plus une mince consolation pour ses parents que son dernier message de mort soit : « Dites à mon père que je suis mort sur le chemin du devoir. Une grande tristesse régnait au sein de la petite communauté à l'annonce de la triste nouvelle, et beaucoup de larmes coulèrent pour ceux qui étaient partis, en particulier pour les deux jeunes hommes, aimés et respectés de tous.

Le révérend GH Nobbs, le père d'Edwin, a écrit un hymne à cette triste occasion, qui a été fréquemment chanté par les habitants de l'île Norfolk, sur l'air de Jérusalem la Golden (Ewing). Une copie des paroles et de la musique a été envoyée à leurs amis de l'île de Pitcairn. Voici l'hymne qui fut bientôt appris et fréquemment chanté :

« Ô Seigneur, la folie des païens

A fait couler nos larmes;

Et pourtant, au milieu de notre tristesse,

Cette pensée apaise le malheur,

Il n'y a rien sur terre qui progresse

C'est caché à ta vue,

Corriger, comme pour bénir

« Notre Dieu ne fera-t-il pas le bien ?

« Les travaux de nos proches sont terminés,

Le voyage éphémère de la vie s'est accéléré,

Jusqu'à ce que la terre découvre ses morts,

Et l'océan la rend morte ;

Puis, à l'apparition de leur Seigneur,

Paré de la couronne des martyrs,

Et des vêtements impeccables,

Sera connu comme sa postérité.

"Nous embrassons la main qui nous a frappé,

Et inclinez-vous devant la verge ;

Tu nous as enseigné par miséricorde

Savoir que tu es Dieu.

Avec une soumission non déguisée

Nous nous approcherions de ton trône,

En présentant cette pétition,

'Ta volonté, ô Seigneur, soit faite.'

Il y a eu deux décès sur l'île depuis l'arrivée du deuxième groupe, et ceux-ci ont eu lieu à quelques semaines d'intervalle. La première était celle d'Hannah Young, la plus jeune fille de John Adam, dans sa soixante-troisième année ; l'autre une jeune fille, toutes deux victimes de consomption.

Au cours de l'année 1867, la population eut le plaisir de profiter de la visite des paquebots royaux *Rakaia* et *Kaikoura* . Le premier a appelé trois fois, et le second une fois, avant que la ligne Panama ne soit démantelée. Le récit de la première visite *du Rakaia* , écrit par un gentleman du nom de Dilke, qui était passager à bord, et qui fut publié dans le *Leisure Hour* de 1868 ou 1869, parvint finalement à l'île et fut lu avec beaucoup d'intérêt par les gens.

L'illustration qui accompagnait l'article provoquait beaucoup d'amusement, car elle représentait un canot orné de feuilles de cocotier et chargé de fruits, pagayé jusqu'à un bateau au loin. Le canot avait deux occupants, chacun vêtu d'un petit gilet comme seule couverture. La représentation n'était pas très fidèle à la réalité. Pour illustrer davantage ce que les gens du monde extérieur savaient du petit rocher isolé et des gens qui s'y trouvaient, on peut raconter le petit incident suivant :

Environ deux ans avant l' escale *du Rakaia* , un navire marchand, le *John L. Demock* , lors de son passage des colonies australiennes à San Francisco, resta encalminé pendant deux nuits et un jour au large de l'île. Le navire n'a pas été vu, car il est arrivé du côté sud de l'île. Le deuxième jour, comme les gens à bord n'ont vu aucun bateau du rivage ni aucun autre signe que l'île était habitée, ils ont abaissé un bateau, et son équipage, avec plusieurs passagers, s'est dirigé vers le rivage. Les gens à terre n'aperçurent le bateau que lorsqu'il se trouvait à une courte distance de la terre, et un ou deux canots partirent à la rencontre et à l'accueil des étrangers, et leur montrèrent le lieu d'accostage. Ce fut une agréable surprise pour les visiteurs de se trouver adressés en langue anglaise, et l'accueil chaleureux qui leur fut réservé, ainsi que l'invitation chaleureuse à venir partager les hospitalités de l'île, les désarmèrent entièrement de leurs craintes, et ils se hâtèrent de ils cachèrent les armes de défense dont ils étaient venus bien armés en cas d'attaque hostile. Leur séjour d'un jour et d'une nuit suffisait pour prouver que tous n'avaient à leur égard que de la bonne volonté, et en partant ils emportèrent avec eux leur bateau chargé de tout ce que l'île pouvait fournir. En arrivant au navire, ils trouvèrent leurs compagnons préparant un autre bateau et d'autres armes pour venir à leur recherche, craignant de se retrouver avec des ennemis. Mais la longue retenue fut heureusement expliquée, et le bon navire reprit bientôt son chemin. Certaines questions qui ont été posées à ceux qui montent à bord du navire, même à cette date tardive, sont très amusantes. "Sais-tu ce *que* c'est?" » a-t-on demandé à l'un des insulaires, l'article en question étant un morceau de sucre. « Pouvez-vous lire l'écriture ? » "Est-ce que quelqu'un sur l'île peut lire ?" ou : « Vous ne savez pas ce qu'est la lecture ? et des questions similaires ont été posées avec ferveur par certains qui, pour la première fois, ont fait la connaissance du peuple.

En mars 1868, John Buffett, âgé aujourd'hui de plus de soixante-dix ans, mais toujours en bonne santé et actif, vint rendre visite à sa fille unique, Mme Mary Young. Tout le monde était heureux d'accueillir le vieil homme que personne ne s'attendait à revoir. En juin de la même année, les *Ashburton* , des colonies, firent escale, s'arrêtant un jour et une nuit. Son capitaine, Smith, était une ancienne connaissance, et maintenant, comme un grand groupe de passagers l'accompagnait, il les autorisa gentiment à débarquer et à passer la journée. Les dames et messieurs ne tardèrent pas à profiter de cette aimable permission, et le plaisir de leur courte visite fut autant apprécié par les insulaires que par eux-mêmes. Une table assez longue pour tout le monde était dressée, autour de laquelle ils s'assirent tous pour un dîner préparé à la hâte pour eux. Le soir, certains membres de la compagnie appartenant à une troupe d'opéra, dirigée par M. Fred Lyster et Miss Minnie Walton, chantèrent quelques-unes de leurs chansons pour le divertissement du peuple, et en retour les écoliers chantèrent certaines de leurs chansons. Celles-ci terminées, les visiteurs prirent congé, la nuit étant venue, mais la belle lune, brillant de tout son éclat, éclaira le chemin sur les eaux ondulantes, tandis que le bateau, alourdi de son fret humain vivant, glissait sur sa route. , après que le chaleureux « Godspeed » ait été prononcé.

En juillet 1872, John Buffett retourna sur l'île Norfolk à bord du baleinier *Sea Ranger*, accompagné d'un de ses petits-fils et d'un autre jeune homme. Ils ont été reçus par leurs parents et amis sur l'île Norfolk avec toutes les démonstrations de joie, leur arrivée inattendue provoquant une intense excitation. Toutes les attentions leur étaient portées, et des fêtes et des danses étaient organisées en faveur de leurs visiteurs. Ayant reçu une invitation à visiter la jolie chapelle et le parc de la mission mélanésienne, ils s'y rendirent et furent impressionnés par l'ordre et la propreté qui régnaient partout. Le comportement ordonné des étudiants et l'exactitude qui caractérisait les arrangements de tout l'établissement, sous la direction compétente de M. RH Codrington, qui était pendant ce temps à la tête de la mission, suscitèrent leur plus haute admiration et des visites répétées. Cela n'a fait que renforcer l'impression reçue au début qu'un noble travail était accompli à la mission.

L'évêque d'Auckland, Nouvelle-Zélande, était en même temps en visite à l'île Norfolk et, pendant son séjour, a confirmé certains des jeunes, acte dont il fait mention dans ses « Notes d'une visite à l'île Norfolk », comme suit : -

« 16 novembre, samedi. J'avais une classe de jeunes gens de la colonie (*c'est-à-dire* la maison des anciens Pitcairners) qui devaient être confirmés le lendemain.... Ma classe avait lieu dans la chapelle Saint-Barnabé. Ensuite, j'ai reçu la visite de deux jeunes hommes, James Russell McCoy et Benjamin Stanley Young (frère de Fisher Young, tué à Santa Cruz en 1864), récemment arrivés par un baleinier depuis l'île de Pitcairn. Ils désiraient être admis à la confirmation, et j'étais très heureux qu'ils le soient, après avoir eu avec eux quelque conversation à ce sujet.

Outre le service de confirmation, Mgr Cowie a ordonné trois diacres parmi les Mélanésiens. Les deux jeunes hommes ont assisté avec beaucoup d'intérêt à cette cérémonie. Le service fut célébré dans l'église des insulaires de Norfolk, édifice qu'ils avaient achevé peu de temps auparavant et dont ils étaient à juste titre fiers, le tout étant conçu et terminé par eux-mêmes. Elle avait été consacrée sous le nom de Tous les Saints. Les « Notes » de Mgr Cowie font ainsi mention du service d'ordination : -

« L'ordination a eu lieu à onze heures, la prière du matin ayant été dite plus tôt pour les habitants de l'île de Norfolk par M. Nobbs, l'aumônier de la colonie. Il était d'abord prévu de célébrer l'ordination à Saint-Barnabé, mais comme dans ce cas les habitants des îles Norfolk n'auraient pas pu être présents au service, en raison de l'exiguïté de la chapelle de la mission, il fut jugé préférable que les Mélanésiens descendent. à la colonie (à trois miles de distance), la nouvelle église là-bas, All Saints, étant suffisamment grande pour accueillir toute la population pratiquante de l'île... Le vénérable pasteur des anciens insulaires de Pitcairn, le révérend GH Nobbs, m'a assisté au ministère de la sainte communion, ... les communiants étaient au nombre de plus d'une centaine. Pendant que le clergé communiquait, le bel hymne d'Héber, « Pain du monde brisé en miséricorde », a été chanté doucement et gentiment par l'assemblée....

« Dans l'après-midi, à trois heures, j'ai célébré une confirmation à la Toussaint pour les habitants des îles Norfolk... La préface du service de confirmation a été lue par le révérend GH Nobbs, dont la petite-fille, Catherine Nobbs, jouait de l'accompagnement à l'harmonium à les deux services. Vingt jeunes ont été confirmés (dont les deux récemment arrivés de l'île de Pitcairn), presque tous descendants des mutins *du Bounty* . Les hymnes ont été particulièrement bien chantés par presque toute la congrégation, l'un d'entre eux sur l'air de Cambridge New, qui aurait été un grand favori de Mgr Patteson. Un fils et une fille de John Adams, du *Bounty* , à savoir George Adams et Rachel Evans, tous deux âgés de plus de soixante-dix ans, étaient au service, et je suis allé voir Arthur Quintall, maintenant tout à fait imbécile, fils d'un autre des mutins.

Les trois personnes âgées mentionnées ci-dessus étaient les seuls survivants des enfants des mutins sur l'île Norfolk, car la mort avait emporté un grand nombre de personnes en l'espace de neuf ans. En 1868, une fièvre maligne balaya l'île comme un vent violent et de nombreuses personnes moururent, de sorte que les deux jeunes visiteurs manquèrent les visages de nombreux parents et amis chers dont ils se souvenaient encore bien. Plusieurs autres changements avaient eu lieu sur l'île. Les gens s'étaient souvent déplacés vers leurs propres parcelles de terre et vivaient désormais largement séparés les uns des autres.

La visite, qui dura près de trois mois, fut rendue aussi agréable et agréable que possible, et ils quittèrent leurs aimables amis avec des sentiments d'espoir aussi bien que de tristesse, car les jeunes hommes espéraient revenir vivre sur l'île avant de nombreuses années s'étaient écoulées. En partant, des lettres des habitants de l'île Norfolk leur ont été remises à emporter chez elles. Ces lettres contenaient de solides conseils et des supplications sincères adressées à leurs amis de l'île Pitcairn pour qu'ils reviennent vers eux et vivent ensemble dans une seule communauté comme auparavant. Tous les arguments possibles sur le sujet furent utilisés pour inciter les Pitcairnais à retourner à l'île Norfolk. Lorsque les lettres furent, à leur arrivée, lues au peuple et que la question fut discutée à fond, la majorité se prononça pour la proposition. Afin que tous les obstacles soient levés, leurs amis avaient généreusement proposé d'affréter et d'armer à leurs frais un navire dans le but de les ramener à l'île Norfolk, promettant également que s'ils revenaient, leurs anciennes concessions de terre seraient restituées à l'île Norfolk. eux. La condition était que tous reviennent, car autrement on ne pouvait guère s'attendre à ce qu'ils s'exposent à de telles dépenses. Naturellement, la plupart des membres les plus jeunes de la communauté étaient impatients de revenir, et certains parmi les plus âgés n'étaient pas réticents. Mais quelques familles étaient déterminées à rester là où elles étaient, et l'affaire s'est arrêtée là.

Un argument avancé en faveur de leur retour était le changement qu'avait subi l'île de Pitcairn en l'espace de très peu d'années. L'extrême pénurie d'eau était une source de beaucoup d'inconfort et d'inquiétude pour les habitants, et le sol, autrefois si productif, semblait maintenant avoir perdu sa remarquable fertilité. La récolte d'igname, qui jusqu'alors avait si bien donné et qui avait été l'une des principales sources de nourriture, a maintenant presque entièrement échoué. La patate douce n'a pas non plus échappé à la peste générale, car une brûlure très gênante attaquait la jeune plantation, empêchant complètement sa croissance, et lorsque les tubercules parvenaient à maturité, ils étaient souvent infestés par un ver destructeur, qui faisait parmi eux des dégâts incalculables.

Les fruits à pain, eux aussi, cédèrent au déclin général, et les arbres magnifiques qui autrefois ployaient sous leur richesse de fruits, commencèrent à se dégrader et ne parvinrent pas à produire de fruits, jusqu'à ce qu'ils cessèrent presque complètement. D'autres arbres fruitiers ont eu plus de chance et n'ont pas autant souffert que les plantes vivrières. Autour de toute l'île, le long du *bord* ou du précipice, où prospérait autrefois une épaisse végétation d'arbres rabougris et robustes, on pouvait maintenant voir un sol nu et stérile, libre d'être emporté par de fortes pluies. Durant cette période, alors que l'île subissait de tels changements, elle était sujette à de fréquentes saisons de sécheresse. L'approvisionnement en eau diminuait chaque jour et les sources qui coulaient sans cesse autrefois se tarissaient maintenant, à deux exceptions près. Telle était la situation de l'île Pitcairn lorsque la demande de l'île Norfolk visant à ce que la communauté puisse s'y retirer fut envoyée. Mais la proposition conditionnelle n'a pas été acceptée et elle n'a jamais été renouvelée.

CHAPITRE XVIII.

Épave du CORNWALLIS

Les derniers mois de 1873, et presque toute l'année 1874, furent la période où, plus que toute autre, l'île souffrit des effets de la sécheresse. En tant que navires, seul moyen de communication possible avec le monde extérieur, faisant très rarement escale sur l'île au cours des années qui suivirent l'arrivée des deux partis de l'île Norfolk, les habitants semblaient occuper un petit monde à part entière et auraient pu rester dans leur isolement lointain pour une durée indéterminée, si un événement inattendu ne se produisait, ce qui conduisit à ce que la petite île reçoive beaucoup d'attention de la part de beaucoup de personnes qui jusqu'à présent n'avaient jamais connu son existence, et à raviver l'intérêt manifesté par ceux qui, dans les années précédentes, se sont montrés de vrais amis.

Vers la fin du mois de janvier 1875, le navire de Liverpool *Cornwallis* , de la firme Balfour, Williamson & Co., qui revenait de San Francisco, apparut en vue. Le capitaine, dans son enfance, avait lu l'histoire des mutins du *Bounty* et de leur installation ultérieure sur le rocher isolé, et avait décidé de faire escale à l'endroit où, quatre-vingt-cinq ans auparavant, Christian et son coupable s'étaient rendus. a atterri. Emmenant avec lui ses apprentis, ils quittèrent le navire sous la direction du premier officier et débarquèrent dans leur propre bateau, accompagnés de quelques-uns des hommes de l'île qui étaient partis vers le navire.

Mais très peu de temps s'était écoulé après leur atterrissage lorsqu'on vit que le navire perdait pied et, comme poussé par une puissance invisible, il dérivait vers le rivage, se dirigeant rapidement et sûrement vers la destruction. Les gens à terre regardaient avec une anxiété et une terreur haletantes le navire condamné, et des prières sincères mais inutiles s'élevaient pour que la terrible catastrophe puisse être évitée. Le pauvre capitaine, à moitié affolé, se précipita avec ses jeunes gens et tous les hommes de l'île qui étaient à proximité, vers le lieu de débarquement, pour mettre à l'eau le bateau et faire route vers le navire, qui s'approchait à chaque instant des rochers. Mais aucun effort ne put la sauver, et elle heurta bientôt des rochers invisibles à quelques pieds du rivage. S'il y avait eu dix minutes de plus, il aurait été sauvé, car l'eau claire jusqu'au rivage est très profonde, et quelques minutes de plus auraient suffi pour mettre le navire hors de danger.

Quelques-uns des insulaires qui étaient restés sur le navire au moment du départ du bateau, terrifiés de manière incontrôlable par le naufrage qui approchait, montèrent à la hâte dans leur bateau et se dirigèrent vers le rivage. Rencontrant le bateau du capitaine qui revenait, ils retournèrent également à l'endroit où le navire gisait maintenant, une épave impuissante. L'excitation qui régnait était grande et bientôt tout le monde se retrouva près du lieu du désastre. Les autres hommes qui avaient été occupés à leurs diverses tâches lorsque le désastre eut eu lieu, revinrent maintenant des champs et, voyant ce qui s'était passé, se trouvèrent rapidement sur les rochers près de l'endroit où le navire gisait. En nageant vers le navire, ils furent bientôt engagés avec les autres qui les avaient précédés pour leur apporter l'aide dont ils étaient capables, et peu de temps après que le navire ait heurté, tout l'équipage avait été débarqué en toute sécurité.

Rien d'autre n'a été sauvé. Le second souhaitait faire un voyage de retour au navire malgré le vent qui se transformait maintenant en coup de vent et au cri : « Qui se portera volontaire ? une réponse fut donnée, mais l'obscurité tombant et le temps menaçant rendirent opportun de retarder l'effort jusqu'au lendemain matin. Le bateau fut de nouveau amené vers un lieu sûr, et dans l'obscurité sombre, avec des sentiments encore plus sombres, le capitaine et l'équipage du *Cornwallis* , accompagnés des insulaires, hommes, femmes et enfants, formèrent une procession silencieuse jusqu'au sommet. le chemin escarpé qui menait au village. Tout ce qui pouvait être fait pour les étrangers ainsi jetés de manière inattendue parmi eux fut fait dans la limite de leurs moyens limités, et chacun céda volontiers des chambres aux naufragés pendant leur séjour forcé, se contentant que leurs invités inattendus puissent profiter de tout ce qui pourrait être. prévu pour leur confort.

La principale inquiétude qu'ils éprouvaient était de savoir comment trouver de quoi nourrir leurs invités si leur séjour était prolongé, car cet ajout à leur nombre constituait de toute évidence une taxe sur eux en matière de ravitaillement alimentaire, les insulaires eux-mêmes étant obligés d'être prudents en ce qui concerne l'alimentation. l'utilisation de ce qu'ils avaient, car l'île ne s'était pas encore remise des effets de la longue sécheresse des années précédentes. Rien n'a été sauvé du navire. La mer était agitée sur le pauvre navire pendant la nuit, et le matin, le vent était devenu si violent qu'il était inutile de tenter un retour au navire, chaque vague venant en sens inverse menaçant de le renverser ou de le briser en morceaux. La plus profonde sympathie a été ressentie pour le capitaine en détresse et sa compagnie d'officiers et de soldats, mais rien ne pouvait être fait pour soulager la misère de leur état.

Le deuxième jour après que le navire soit devenu épave, il s'est retourné et s'est brisé sous la violence des vagues. La mer était parsemée d'épaves qui flottaient sous le vent. Le canot de sauvetage du navire, indemne, faisait partie des objets dispersés du navire lors de la rupture, et dans l'espoir de le sauver, un équipage d'insulaires a commencé à lancer le bateau du capitaine. Avec un cœur courageux et des bras forts, ils attendirent un moment d'accalmie dans les vagues en colère pour leur donner l'occasion de traverser en toute sécurité les terribles vagues qui roulaient sans cesse vers le rivage. Enfin le moment arriva, et au commandement : « Avancez », avec une force qui parut plus qu'humaine, le bateau fut mis hors de danger des déferlantes qui menaçaient de l'engloutir. À temps, le canot de sauvetage fut atteint. Étant plein d'eau, chaque homme se relayait pour renflouer le bateau. Le vent et la marée étant contre eux, le travail était extrêmement lourd, mais des cœurs courageux et des mains volontaires assuraient le succès, et après plusieurs heures de dur combat contre la mer, le canot et le canot de sauvetage furent tous deux débarqués en toute sécurité.

Un triste accident s'est produit à terre alors que les hommes étaient occupés au sauvetage du bateau. Un garçon de douze ans était descendu, avec quelques-uns de ses compagnons, jusqu'aux rochers près desquels le navire faisait naufrage, pour récupérer quelque chose qui flottait à terre. En tentant d'atteindre son objectif, il fut soudainement frappé par une mer agitée et emporté dans les eaux bouillantes. La seule aide qui pouvait lui être apportée était au moyen d'une corde qui lui était lancée, mais avant qu'elle puisse être apportée, le pauvre garçon avait coulé, meurtri et tué par les débris qui s'agitaient. La pauvre mère, distraite, fut témoin de la scène effrayante et, dans son chagrin atroce, se dirigea vers l'endroit où son garçon avait été emmené et se serait jetée à la mer, comme si un tel sacrifice pouvait servir à sauver son garçon, mais les bras des hommes forts qui l'avaient suivie l'ont retenue, et elle a été transportée avec beaucoup de difficulté et dans un état inconscient jusqu'à sa maison, où des amis compatissants l'ont reçue et l'ont accompagnée pendant les longs et mornes mois de maladie qui ont suivi. . Le père n'étant pas présent au moment de l'accident, on lui a donc indiqué où il se trouvait au travail. Il fut difficilement retenu de se jeter dans la mer en colère dans le lointain espoir de retrouver le corps de son fils, mais il se soumit enfin à être ramené chez lui ; Le corps n'a jamais été revu, bien que les recherches aient été poursuivies pendant plusieurs jours.

LA MAISON DES MISSIONS.

Le navire américain *Dauntless* était arrivé pendant la journée, et le capitaine Wilbur attendit jusqu'au lendemain matin, quand, apprenant ce qui s'était passé, il proposa gentiment d'emmener tout l'équipage du *Cornwallis* sur son navire et de leur donner un passage vers New York. York, où il se rendait. Le navire a fait naufrage samedi et mardi midi, tout son équipage était parti, ne laissant que les pauvres restes du bon navire pour rappeler aux gens ce triste événement.

Le mois de septembre suivant, un autre équipage naufragé fut accueilli sur l'île. Le navire de Liverpool *Khandeish* , qui revenait de San Francisco, a fait naufrage sur les récifs de l'île d'Oeno, et l'équipage, emportant avec lui ce qui pouvait être sauvé des provisions du navire, et un peu de leurs vêtements, a été laissé dans leur grand bateau et leur concert. pour l'île Pitcairn. Le vent étant favorable, le court voyage fut bientôt accompli. Dès que les bateaux des marins naufragés furent aperçus, un équipage d'insulaires embarqua dans leur bateau, le cabriolet qui avait été laissé par le capitaine Hammond, du *Cornwallis* , pour rencontrer et accueillir leurs visiteurs inattendus. Quand tout le monde fut débarqué, l'équipage du navire fut divisé en compagnies de deux ou trois pour mieux se loger parmi les familles chez qui ils devaient rester, et qui étaient toutes descendues à la plage pour les recevoir. Ils furent accueillis dans les maisons du peuple et furent bientôt comme des membres des familles où chacun séjournait, prenant part aux travaux quotidiens et se joignant à eux dans leur culte familial, ainsi qu'assistant à tous les services religieux qui avaient lieu. . Pendant leur séjour de cinquante et un jours, ils se comportèrent de manière à gagner l'approbation de tous et lorsque, le 19 novembre, ils partirent sur le navire britannique *Ennerdale* pour San Francisco, la séparation des deux côtés exprima beaucoup de tristesse. . L'un des hommes est resté sur place et s'est marié peu après avec une veuve à laquelle il s'était attaché.

Le capitaine, les officiers et l'équipage du *Khandeish* , à leur arrivée à San Francisco, présentèrent la condition des insulaires de Pitcairn comme étant vraiment très nécessiteuse, bien que les insulaires eux-mêmes, habitués toute leur vie à la manière de vivre la plus simple, n'aient pas pris conscience de la situation. Ils se rendaient pleinement compte, comme leurs défunts invités, de leur « condition désespérée », comme l'exprimaient certains journaux. Ils ont exprimé la plus chaleureuse gratitude du traitement qu'ils ont reçu pendant leur séjour sur l'île et ont fait ce qu'ils ont pu en échange de l'hospitalité qui leur avait été réservée. Ils y réussirent au-delà de leurs plus grandes espérances, car les généreux citoyens de San Francisco répondirent avec une telle cordialité que les contributions affluent sans cesse, et tous les articles utiles et nécessaires auxquels on pense : ustensiles de cuisine, vaisselle de presque toutes sortes, tasses, assiettes. , cuillères, etc., etc., seaux en bois et seaux en étain, témoignaient de leur généreuse libéralité. Des vêtements confectionnés et défaits, des boutons, des épingles, des aiguilles, etc., qui suffisaient presque à approvisionner une respectable mercerie, contribuaient à l'immense stock de marchandises rassemblées en réponse à l'appel de la charité et de la bienveillance. Une bonne provision de farine, un luxe pour les insulaires, fut envoyée par le capitaine Skelly, du *Khandeish* , comme contribution au stock général. En guise de couronnement pour l'ensemble, un orgue magnifiquement tonique, de la Mason & Hamlin Organ Company, a été envoyé.

Les cadeaux arrivaient sur différents navires, la première partie étant apportée par le capitaine DA Scribner, du navire américain *St. John* , arrivé sur l'île en mars 1876. Le capitaine était un très cher ami des insulaires, ayant fait des appels répétés sur l'île auparavant. On lui confia un gros courrier de l'équipage du navire qui avait récemment quitté l'île, et dont les lettres étaient fréquentes dans leurs expressions de gratitude pour la gentillesse qui leur avait été témoignée pendant leur séjour temporaire, et étaient également pleines d'éloges pour la munificence. et la générosité manifestée par les bonnes gens de San Francisco, qui avaient si volontiers répondu à l'appel à la charité.

Dire que les insulaires étaient reconnaissants pour la bonté si abondamment comblée sur eux n'exprimerait que faiblement ce qu'ils ressentaient réellement. Ils étaient certes reconnaissants, mais ils n'en sentaient pas moins leur indignité d'être les bénéficiaires privilégiés de tant de générosité en échange des petits actes de bonté humaine qui mettaient leurs semblables en détresse et qu'ils considéraient à juste titre comme n'étant que leur devoir de faire.

L'orgue a été apporté par le capitaine Scribner. Dès son débarquement, il fut porté sur les épaules de quelques hommes forts et porté par eux sur le sentier escarpé, et le lourd mais précieux fardeau ne fut déposé qu'après avoir atteint la petite église au toit de chaume, où il fut placé à côté du table de lecture. Tous les habitants, jeunes et vieux, se sont rassemblés pendant que le capitaine Scribner jouait « Shall We Gather at the River ? » Toutes les voix se sont jointes à la chanson et, à la fin, des remerciements répétés ont été adressés au gentil ami qui l'a apporté et, à travers lui, aux amis généreux qui ont envoyé ce beau cadeau. Les larmes coulaient dans de nombreux yeux alors que les gens se tenaient là et étaient témoins des preuves substantielles de la gentillesse qu'ils recevaient. C'était pour eux une expérience nouvelle et très agréable d'écouter pour la première fois les sonorités d'un instrument au clavier parfait. Le seul autre exemplaire de ce genre dont se vantait l'île était un vieil harmonium qui, faible et désaccordé, avait été offert à une jeune femme par le médecin du HMS *Petrel* , qui était en visite d'une journée sur l'île il y a deux ans. mois avant. Le vieil instrument faible avait été démonté et débarrassé des déchets et de la poussière qui s'y étaient accumulés, puis réparé d'une autre manière, de sorte que maintenant, avec ses sonorités vraiment douces, il servait aux jeunes gens pour pratiquer leurs premières leçons de musique instrumentale. , ce qu'ils ne tardèrent pas à faire, malgré le fait qu'ils n'avaient ni livre ni professeur pour les aider ou les diriger. Et maintenant, lorsque le nouvel orgue fut ouvert, tous ceux qui le souhaitaient eurent le plaisir d'essayer quelques accords et de profiter de la puissance de l'instrument, une expérience aussi délicieuse que nouvelle. Les donateurs eux-mêmes se seraient sentis récompensés s'ils avaient vu à quel point leur beau cadeau leur procurait un pur plaisir, un cadeau qui était apprécié avec une vive appréciation par tous.

Parmi les nombreux et divers cadeaux envoyés de San Francisco, les besoins de l'école ne furent pas oubliés et une grande quantité de manuels scolaires arriva, des livres nouveaux et anciens, allant du premier au cinquième et sixième lecteur. Ce besoin, si généreusement pourvu, était un des plus grands qui aient été éprouvés, et les enfants ainsi que l'institutrice saluaient avec ravissement la perspective d'avoir un livre pour soi et de ne plus être obligés de lire le même livre. tour à tour. Le changement était vraiment gratifiant, car avant cela, l'école avait pour meilleurs lecteurs, orthographes et grammaires un vieil exemplaire de Lindley Murray, à l'exception de quelques exemplaires désuets du bon vieux livre d'orthographe de Mavor, écornés et si littéralement usés que à certains endroits, ici et là, les mots étaient entièrement effacés et de nombreuses feuilles s'étaient détachées et étaient tombées avec l'âge et l'usage. Au seul exemplaire vénérable d'un vieux livre de géographie succédèrent un bon nombre d'autres, qui ouvrirent aux enfants un monde jusqu'alors insoupçonné.

Cela prendrait trop de place pour donner un compte rendu détaillé de tout ce qui a été envoyé au peuple, dont chaque article a été reçu avec gratitude et pleinement apprécié. En racontant les actes de bonté généreusement accordés de temps à autre aux insulaires, il ne faut jamais oublier l'ampleur de la dette de gratitude qu'ils ont envers leurs amis de Valparaiso et d'Honolulu, ainsi qu'en Angleterre. Mais s'ils étaient reconnaissants pour les faveurs témoignées, l'idée n'en était pas moins humiliante que, dans leurs circonstances particulières, ils soient obligés de dépendre de la charité des autres pour certains des besoins essentiels de la vie. Les baleiniers et les navires de commerce, qui étaient autrefois les sources de ces approvisionnements, cessèrent désormais presque entièrement de venir sur l'île. S'il y avait eu un moyen par lequel ils auraient pu, par leurs propres efforts, se procurer tout ce qui était nécessaire à leurs besoins, le travail nécessaire leur aurait été volontairement accordé ; mais leur position extrêmement isolée rendait de tels efforts presque impossibles.

CHAPITRE XIX.

VISITE DU CONTRE-AMIRAL DE HORSEY

TÔT le dimanche matin, le 8 septembre 1878, les insulaires furent très surpris d'apercevoir un navire de guerre britannique au nord de l'île. Alors que la brume et les pluies légères qui cachaient en partie le navire à la vue se dissipaient, on le vit se diriger vers la terre, avec l'intention évidente de communiquer avec le rivage. Le seul bateau que possédaient les insulaires fut bientôt lancé et en route vers le navire. Après un court séjour, il revint, accompagné d'autres personnes du navire ; qui était le HMS *Shah*, le vaisseau amiral de l'amiral commandant la station du Pacifique. Une grande foule du navire arriva à terre et, comme ils arrivaient à temps pour le service du matin, la salle de réunion encore inachevée, en construction à l'époque, fut meublée de sièges formés de planches posées sur des boîtes, pour accueillir la congrégation, dont le nombre a été doublé par l'ajout des visiteurs.

L'aumônier du navire, le révérend J. Reed, a participé aux cérémonies. Les gens apprécièrent grandement le plaisir de voir l'amiral De Horsey et ses officiers se joindre à eux dans leur culte et leur service, et auraient été heureux de les voir rester tout l'après-midi, mais l'amiral était impatient de partir le soir du même jour. , leur séjour fut donc inévitablement court. Cependant, il céda ensuite gentiment à la demande de rester jusqu'au lendemain, afin de permettre aux gens de se procurer des fruits et d'autres choses pour leurs visiteurs, car ils estimaient qu'ils ne pouvaient pas se permettre consciencieusement de le faire le dimanche. Ayant décidé de prolonger son séjour, l'amiral invita tous les insulaires à monter à bord le lendemain matin à huit heures pour visiter son navire et y prendre son petit déjeuner. La plupart des gens ont profité de l'aimable invitation et étaient prêts de bonne heure pour le plaisir attendu. La journée s'ouvrit calmement et terne, avec de légères averses occasionnelles qui, tout en mouillant les vêtements, ne parvinrent pas à refroidir le moral de ceux qui visitaient le navire. Le petit déjeuner était servi sur une longue table dans la cabine, et à l'heure dite, un grand groupe s'asseyait avec le bon amiral pour prendre part au copieux festin qu'il avait commandé.

Les aimables personnes à bord semblaient rivaliser les unes avec les autres dans leurs efforts pour divertir et plaire, montrant à leurs visiteurs leur immense maison sur l'eau et comment ils vivaient, appréciant également l'émerveillement et l'admiration évidentes manifestées par leurs invités lorsqu'ils observaient la rotation des puissants moteurs, ainsi que le vif plaisir et l'intérêt qu'ils manifestaient pour tout ce qu'ils voyaient autour d'eux. Sur le pont, l'orchestre jouait, tandis que dans l'une des pièces situées au-dessous, l'un des officiers était assis devant un piano, jouant de la musique pour une compagnie d'auditeurs admiratifs. Dans la salle des armes, la foule de jeunes officiers avait rassemblé les écoliers et les avait persuadés de chanter certaines de leurs chansons et de leurs allégresses, eux-mêmes chantant en retour certaines de leurs chansons lumineuses et entraînantes. Les heures passèrent vite et bientôt, un à un, les insulaires descendirent les flancs escarpés du navire pour rentrer chez eux, après avoir souhaité au revoir à leurs aimables visiteurs et emporté avec eux un vif souvenir de leurs délicieux divertissements à bord, tandis que le *Shah*, avec ses plus de huit cents âmes, poursuivit son chemin et fut bientôt hors de vue.

Voici le rapport du contre-amiral de Horsey, commandant en chef de la station du Pacifique, qui fut reçu à l'amirauté :

« 17 septembre 1878. Monsieur, je vous prie d'informer les seigneurs commissaires de l'amirauté que, comme l'île Pitcairn se trouvait sur ma route d'Esquimalt à Valparaiso, et que le temps était suffisamment favorable pour le débarquement, j'ai profité de la circonstance pour visiter cette île, afin de s'assurer de la condition des habitants, et aussi de se procurer des rafraîchissements pendant ce long voyage. Après avoir aperçu Pitcairn à l'aube le 8, nous sommes arrivés à Bounty Bay à 8 heures du MATIN et sommes restés au large de l'île jusqu'à midi le lendemain, date à laquelle nous avons poursuivi notre voyage.

« Quelques détails sur l'état actuel de cette petite île presque inaccessible, le seul point du territoire britannique situé dans le vaste triangle entre Vancouver, Falkland et les îles Fidji, ne seront peut-être pas sans intérêt pour leurs seigneuries, et sont donc présentés comme sujets de cette lettre. La population compte actuellement quatre-vingt-dix personnes, de tous âges, dont quarante et un hommes et quarante-neuf femmes... Il n'y a qu'un seul survivant de la génération qui a immédiatement suivi les mutins, à savoir Elizabeth Young, âgée d'environ quatre-vingts ans. -huit ans, fille de John Mills, compagnon artilleur du *Bounty*, et d'une mère Otaheitienne.

« L'homme le plus âgé de l'île est Thursday October Christian, petit-fils de Fletcher Christian, maître du *Bounty*. La population peut être décrite comme étant composée de seize hommes, dix-neuf femmes, vingt-cinq garçons et trente filles. Les décès sur l'île ont été d'environ douze au cours des dix-neuf dernières années, car aucune maladie contagieuse ne visite l'île.

« Quelques médicaments envoyés de Valparaiso à bord du HMS *Reindeer* (en 1869) sont administrés selon les besoins, par le pasteur. L'île de Pitcairn est gouvernée par un « magistrat et dirigeant en chef subordonné à Sa Majesté la Reine de Grande-Bretagne », qui non seulement administre les lois, mais les promulgue également. Il y a deux conseillers pour conseiller et assister le magistrat en chef, en outre, les « chefs de famille » sont convoqués pour consultation lorsque cela est nécessaire... Le magistrat en chef est élu chaque année le jour du Nouvel An et est réélu. Les deux sexes âgés de dix-sept ans et plus ont droit de vote. Le bureau est actuellement occupé par M. James Russell McCoy, qui est également le timonier du seul bateau de l'île.... Le service divin a lieu tous les dimanches à 10h30 ET à 15h00 , ... et il est menée en stricte conformité avec la liturgie de l'Église d'Angleterre, par M. Simon Young, leur pasteur choisi, qui est très respecté. Un cours biblique a lieu tous les mercredis, auquel participent tous ceux qui le peuvent. Il y a aussi une assemblée générale de prière le premier vendredi de chaque mois. Les prières familiales sont dites dans chaque maison à la première heure du matin et à la dernière heure du soir, et aucun repas n'est pris sans demander la bénédiction de Dieu avant et après. Le capitaine Beechy, écrivait il y a cinquante-trois ans : « Ces excellentes personnes semblent vivre ensemble dans une harmonie et un contentement parfaits, être vertueuses, religieuses, gaies et hospitalières, être des modèles d'affection conjugale et paternelle et avoir de très bons sentiments. quelques vices. J'ai osé citer ces paroles, telles qu'elles sont toujours d'actualité, les enfants ayant suivi les traces de leurs parents.

« L'observance du dimanche est très stricte ; aucun travail n'est effectué ; mais ce n'est pas dans un esprit pharisien, comme l'a montré l'occasion de notre visite, qui se trouvait par hasard un dimanche, où tout ce qui était compatible avec la non-négligence du service divin était fait pour nous fournir des rafraîchissements pour l'équipage, le premier magistrat arguant que c'était un bon travail, et nécessaire, car le navire ne pouvait pas attendre. Personne ne peut parler des attributs religieux de ces insulaires sans un profond respect. Un peuple dont le plus grand privilège et le plus grand plaisir est de communier dans la prière avec son Dieu et de se joindre à des hymnes de louange, et qui est, de plus, joyeux, diligent et probablement plus libre de vices que toute autre communauté, n'a pas besoin de prêtre parmi lui. Le pasteur remplit également la fonction d'instituteur, dans laquelle il est assisté de sa fille, Rosalind Amelia Young. L'enseignement comprend la lecture, l'écriture, l'arithmétique, l'histoire des Écritures et la géographie. Les filles apprennent également la couture et la confection de chapeaux, et l'ensemble apprend très efficacement le chant... L'école se déroule dans la maison de l'église, dont une extrémité est utilisée comme bibliothèque, ouverte à tous. L'anglais est la seule langue parlée ou connue. [Et une corruption de la même chose.]...

GROUPE DE FEMMES ET D'ENFANTS.

« Les habitants de l'île de Pitcairn dépendent bien entendu entièrement de leurs propres ressources. Ils cultivent des patates douces, des ignames, des plantains, etc., et autrefois beaucoup de fruits à pain, mais ceux-ci sont presque tous en train de disparaître. Ils ont aussi des haricots, des carottes, des navets, des choux et un peu de maïs, des ananas, des pommes à la crème et beaucoup d'oranges, de citrons et de noix de coco. Les vêtements sont obtenus uniquement auprès des navires de passage en échange de rafraîchissements. Ils ont quelques moutons, chèvres, cochons, volailles, chats et chiens. Comme il pleut généralement une fois par mois, ils ont beaucoup d'eau, même si, les années précédentes, ils ont parfois souffert de la sécheresse. Aucune boisson alcoolisée, sauf à des fins médicales, n'est utilisée et aucun ivrogne n'est connu. Les maisons sont bien aérées et meublées   suffisamment

pour leurs simples besoins. Il ne pousse presque pas d'arbres bons pour le bois d'œuvre ici... Les hommes sont principalement employés à cultiver leurs terres, à cultiver, à construire des maisons, à pêcher en canot, etc.; les femmes, dans la couture, la confection de chapeaux et de vanneries (en plus de leurs autres travaux ménagers). Tous sont travailleurs et prêts à prendre leur part des travaux publics lorsque cela est nécessaire. Il s'agit actuellement d'agrandir la maison de l'église, pour répondre aux besoins d'une population croissante.

« La seule communication avec le monde extérieur se fait au moyen de navires de passage, en moyenne un par mois peut-être, et principalement ceux en route vers et depuis la Californie ; mais cela est précaire, car la plupart des navires se dirigent au vent de Pitcairn, et ceux qui aperçoivent l'île sont souvent incapables de communiquer. Lors de notre visite, le débarquement était jugé bon, mais il fallait veiller à un endroit lisse, et utiliser un bateau léger. Ils n'ont aucune communication avec Otaheite et très rarement avec l'île Norfolk ou la Nouvelle-Zélande.

« Les articles nécessaires dont ont besoin les insulaires sont mieux illustrés par ceux que nous avons fournis en troc contre des rafraîchissements, à savoir de la flanelle, de la serge, de la perceuse, des demi-bottes, des peignes, du tabac et du savon. Ils ont également grand besoin de cartes et d'ardoises pour leur école, et les outils de toute sorte sont les plus acceptables. Je leur fis fournir dans les magasins publics un Union Jack à exposer à l'arrivée des navires et une scie de long dont ils avaient grandement besoin. Ceci, j'espère, rencontrera l'approbation de leurs seigneuries. Si le riche peuple anglais était seulement conscient des besoins de cette petite colonie des plus méritantes, il ne resterait pas longtemps sans ravitaillement. Je suggérerais que tout ce qui doit être envoyé soit adressé aux soins de l'amiral de cette station, soit à Coquimbo, soit sur l'île de Vancouver. Si elles sont envoyées par des navires privés, les marchandises risquent de ne jamais atteindre l'île. Au cours des deux dernières années, deux épaves se sont produites : le navire anglais *Khandeish*, sur l'île d'Oeno, et le navire anglais *Cornwallis*, sur l'île Pitcairn. Dans les deux cas, les équipages se sont réfugiés sur l'île de Pitcairn, y sont restés respectivement six semaines et trois jours et ont reçu toute l'aide, y compris la nourriture et les vêtements, provenant des maigres provisions des insulaires de Pitcairn. Lors du naufrage du *Cornwallis,* les insulaires, en prêtant assistance, ont perdu leur seul bateau, fabriqué par eux-mêmes, et donc leur seul moyen de communication avec les navires de passage.

« Un étranger, un Américain, s'est installé sur l'île – une acquisition douteuse. Quelques habitants de l'île ont exprimé le souhait de retourner sur l'île Norfolk – un désir de changement qui n'est pas anormal – mais le magistrat en chef estime qu'aucun d'entre eux n'est susceptible d'y aller. Les insulaires, à mon invitation, ont rendu visite au *Shah*. Pas moins de soixante-huit hommes, femmes et enfants, sur un total de quatre-vingt-dix, sont montés à bord, quelles que soient les difficultés d'embarquement, le vent et la pluie. Leurs pauvres vêtements étaient presque entièrement mouillés et beaucoup avaient le mal de mer, mais le plaisir de monter à bord d'un des navires de guerre de leur propre pays l'emportait sur toutes les autres considérations et les rendait essentiellement heureux.

« Enfin, je soumets à Leurs Seigneuries que lorsque le service l'admettra, il est souhaitable qu'un navire de guerre visite Pitcairn chaque année, et je propose de faire en sorte que cela soit fait pendant le reste de mon commandement. Je soutiens également que cette petite colonie mérite toute l'attention et tous les encouragements que le gouvernement de Sa Majesté jugera bon de lui accorder. Sa Majesté la Reine ne possède, je crois, nulle part au monde des sujets plus loyaux et plus affectueux que ce petit groupe de colons. Je peux ici observer que l'idée semble prévaloir parmi les insulaires de Pitcairn que le gouvernement de Sa Majesté est mécontent d'eux parce qu'ils sont revenus de l'île Norfolk (ce que, comme Leurs Seigneuries le savent, ils l'ont fait en deux parties, la première en 1859 et le reste , je crois, en 1864), bien que leur retour ait été, je crois, à leurs propres frais, et qu'ils n'aient depuis lors été aucun fardeau pour la Couronne. Cette idée, d'où je l'ignore, était sans fondement, j'ose affirmer que le gouvernement de Sa Majesté préférait les honorer pour avoir préféré la simplicité primitive de leur île natale aux manières dissolues d'Otaheite ou même aux manières plus civilisées mais moins manières pures et simples de l'île Norfolk... Ils perdront plutôt que gagneront au contact avec d'autres communautés.

J'ai etc., etc. AFR DE HORSEY ,

« Contre-amiral et commandant en chef . »

En juillet 1879, l'année qui suivit la visite du *Shah* , le HMS *Opal* arriva, apportant un bel orgue de fabrication américaine – Clough & Warren's – en cadeau de la Reine, Sa Majesté ayant envoyé la somme de 20 £ à l'amiral de Horsey. au profit des insulaires de Pitcairn. Il dépensa cette somme pour l'achat du cadeau mentionné ci-dessus, pensant, avec raison aussi, que cet argent ne pouvait pas être dépensé d'une manière plus satisfaisante. L'orgue est orné d'une plaque d'argent en forme de cœur placée au centre au-dessus du clavier, portant l'inscription « Un cadeau de Sa Majesté la Reine à ses fidèles et aimants sujets de l'île de Pitcairn, en appréciation de leurs vertus domestiques ». Ce cadeau fut reçu avec une fierté pardonnable, au point que la reine devait daigner se souvenir de la petite colonie isolée, ainsi qu'avec des sentiments de véritable loyauté et d'amour envers leur souverain. Lorsque le capitaine de l' *Opal* s'asseyait à l'instrument et jouait quelques accords de la chanson nationale de la Grande-Bretagne, il n'y avait pas une voix qui ne se joignît de bon cœur au chant : « God save the Queen ».

Outre l'orgue, le résultat qui suivit immédiatement l'appel de l'amiral au « grand peuple d'Angleterre » fut visible dans les cadeaux substantiels abondants et variés envoyés à l'île à bord du HMS *Osprey* en mars 1880. Lorsque le récit de la visite de l'amiral fut publié en Angleterre, de nombreux amis répondirent volontiers à son appel et les souscriptions furent immédiatement lancées. Le président du comité chargé de diriger les affaires et de disposer des diverses souscriptions, le révérend Andrew AW Drew, un ecclésiastique de l'Église d'Angleterre, s'est particulièrement efforcé dans l'intérêt des insulaires, lui et sa femme s'occupant personnellement de l'emballage des les nombreuses boîtes contenant les cadeaux, la tâche étant des plus fastidieuses, car, en raison du long chemin à parcourir, les boîtes devaient être emballées avec le plus grand soin. Chaque article envoyé était parmi les meilleurs. Une grande quantité de manuels scolaires et d'ardoises et de crayons indispensables est également arrivée, un ajout reçu avec reconnaissance à ce que les bonnes gens de San Francisco avaient fourni auparavant. Une mention spéciale doit être faite au beau cadeau d'un certain nombre de Bibles d'Oxford, éditions pour enseignants et autres. Chaque enseignant de l'école du dimanche recevait une Bible d'enseignant, qui était évaluée en conséquence, et les heureux possesseurs sentaient que leur étaient accordés les cadeaux les plus riches que l'Angleterre envoyait.

Le beau et coûteux cadeau de deux bateaux fut également reçu, et cela aussi avec des sentiments proches de la honte que tant de pensée et de gentillesse aient été accordées aux insulaires, dont la part dans la réception dépassait de loin celle du don « plus béni ». L'un des bateaux s'appelait « Queen Victoria » et portait une inscription indiquant qu'il s'agissait d'un cadeau envoyé en reconnaissance des « vaillants services rendus par les insulaires pour sauver des vies ». L'autre bateau, une baleinière, a été nommé « Admiral Drew », en souvenir du père du révérend A. Drew, le monsieur mentionné ci-dessus. M. Drew avait fait construire ce dernier bateau strictement selon ses propres instructions, et ce beau petit bateau répond admirablement au but pour lequel il était destiné, à savoir lutter contre les vagues violentes qui battent si souvent sur le rivage.

Voilà pour la réponse apportée à l'appel de l'amiral par les donateurs au grand cœur en Angleterre. On pourrait cependant écrire un volume sur les innombrables cadeaux de particuliers et autres, qui ont de temps en temps été versés aux habitants de ce coin reculé de la terre, cadeaux qui ont été reçus avec gratitude mêlée d'un sentiment d'indignité. d'une part, et de dépendance d'autre part, permettant aux destinataires d'éprouver dans toute sa force la vérité de l'expression : « Il y a plus de bonheur à donner qu'à recevoir ».

Une tentative avait été faite deux ans auparavant, par une entreprise de Liverpool, De Wolfe & Co., d'établir une sorte d'entreprise sur l'île, la plantation et la culture du coton, la préparation des noix de coco et des noix de bougie, ainsi que de l'arrow-root, par ces moyens. pour leur permettre de subvenir à leurs besoins simples par leurs propres efforts. Mais la petite île était trop éloignée de tout centre d'affaires pour en faire une entreprise rentable, et moins de deux ans après la tentative, elle fut démantelée.

The linked image cannot be displayed. The file may have been moved, renamed, or deleted. Verify that the link points to the correct file and location.

- 118 -

CHAPITRE XX.

VISITES AMICALES

VERS le milieu de l'année 1880, sept jeunes de l'île Norfolk sont venus visiter l'ancienne maison de leurs parents. Il n'y avait pratiquement aucune communication entre les deux îles, de sorte que l'événement de leur arrivée était amélioré en apprenant tout sur l'état de l'île et sur les gens qu'ils avaient récemment quittés.

Les amis des jeunes gens remarquèrent avec surprise qu'à une exception près, ils étaient tous esclaves de l'habitude du tabac, qu'il soit chiqué ou fumé, car aucun parmi les jeunes de l'île ne pratiquait ce vice impur. Le capitaine du baleinier avec lequel ils étaient venus était lui-même totalement abstinent en ce qui concerne le tabac et les spiritueux, mais tous ses efforts pour réformer les jeunes gens sous ses ordres, malgré l'exemple et les préceptes, n'eurent pas l'effet escompté. Il eut plus de succès lorsqu'il tenta une réforme parmi les vieillards de l'île, dans un cas au moins, comme le montrera l'incident suivant.

Lors d'une réunion tenue dimanche soir, le capitaine s'est adressé aux consommateurs de tabac, au nombre de sept, et à ceux, au moins cinq, les hommes les plus âgés de la communauté. Il s'est prononcé très fortement contre la mauvaise habitude à laquelle ils étaient dépendants et contre les conséquences néfastes qui en résultent. Certains de ses auditeurs furent pour le moment impressionnés par ses appels, et deux d'entre eux faillirent décider d'abandonner définitivement le vice. Ils respectaient suffisamment leur futur réformateur pour ne pas se livrer à cette pratique en sa présence. Le lendemain matin, alors que l'un des hommes marchait sur la route avec une pipe allumée à la bouche, il aperçut le capitaine quelques mètres devant lui, attendant de lui adresser un chaleureux salut matinal. Quelles que soient les conséquences, craignant d'être découvert, il attrapa rapidement la pipe en terre chauffée de ses lèvres et la fourra dans sa poche, qui fut également rapidement brûlée. Bien que brûlant de douleur, il serra courageusement la main du capitaine et s'en alla, n'osant pas trahir sa pipe, même au prix de souffrances. Mais ce fut sa dernière lutte contre cette habitude, car à partir de ce jour elle fut abandonnée, et il fut rendu libre, mais « comme par le feu ».

C'est au cours de cette même année 1880 qu'apparut dans la communauté une visitation insolite et très particulière, touchant seulement les plus jeunes membres, onze ou douze jeunes en tout y ayant été soumis. La maladie, si l'on peut appeler ainsi, était une folie passagère, le cas qui dura le plus longtemps ne s'étendant pas sur deux ans. Le premier symptôme de l'attaque était une étrange hallucination de l'esprit, la personne affectée voyant un objet qui la terrifiait grandement, ou entendant des voix l'appelant, puis perdant progressivement tout souvenir des événements antérieurs, jusqu'à ce que l'esprit devienne complètement vide. Une caractéristique particulière de la maladie était une vision déformée, qui transformait chaque objet en quelque chose de différent de ce qu'il était, comme, par exemple, un homme ou une femme adulte apparaissait comme un enfant, tandis qu'un simple bébé prendrait toutes ses proportions. d'un homme. Dans presque tous les cas, le patient était calme et tranquille ; le pouvoir de la parole semblait supprimé, tandis que le regard vide montrait que l'esprit avait perdu le contrôle de lui-même.

FILLES EN COSTUME DE BAIN.

C'est le cas d'un jeune homme qui avait fait naufrage et dont le séjour se prolongeait sur l'île. C'était en 1881. Un matin, il déclara que pendant la nuit il avait vu par la fenêtre le cercueil de sa mère passer au-dessus de lui, et rien ne pouvait le persuader que c'était une illusion. Quelques heures plus tard, il devint inconscient de tout ce qui se passait autour de lui et, dès le premier stade de la maladie, il fut entièrement privé de la faculté de parler. Quand la parole revint au bout de quelques jours, il s'employa à chercher de maison en maison quelque ami imaginaire injustement condamné à la prison, et qu'il ne ménageait aucun effort pour libérer. Un jour, il s'éloigna pendant la nuit vers l'autre côté de l'île, où il fut retrouvé par un groupe parti à sa recherche, dormant sous un rocher en surplomb, enveloppé dans sa couverture d'éclaireur, car à ce stade de son dérèglement, il a déclaré qu'il était Davy Crockett sur une piste indienne. Davy Crockett n'était qu'un des nombreux personnages qu'il incarnait aux différents stades de la maladie.

Les phases de la maladie ont été nombreuses et variées, chaque patient étant traité de manière différente. Il n'y a jamais eu d'explication satisfaisante sur la cause qui l'a produit. Le cas mentionné ci-dessus comme ayant duré le plus longtemps était celui d'une jeune fille dont l'esprit fut atteint en avril 1884 et fut rétabli au début de l'année 1886. Depuis lors, la maladie particulière n'a pas fait son apparition.

Au début de 1881, deux jeunes hommes quittèrent l'île pour s'aventurer pour la première fois jusqu'en Angleterre. Là, toutes les bontés qu'on pouvait leur témoigner leur étaient accordées. L'un d'eux, cependant, presque immédiatement après son atterrissage, a été sécurisé comme spécimen très prisé de l'espèce humaine, pour être exposé à l'Aquarium de Westminster. Ignorant complètement l'intention des personnes qui l'avaient obtenu, il consentit à leur proposition de les accompagner, et ils s'éloignèrent bientôt de Liverpool pour Londres, où il fut dûment installé à sa place dans l'aquarium et annoncé. "Est-ce qu'il mange comme les autres?" C'était l'une des nombreuses questions qui l'amusaient, car elle était posée avec sérieux par l'un des spectateurs. Un vieux capitaine bluffant était très indigné de devoir payer pour avoir le privilège de revoir une vieille connaissance à qui il avait rendu visite à deux reprises dans son île lointaine.

Mais il ne resta pas longtemps dans cette position peu enviable, car le révérend AW Drew, un ecclésiastique de l'Église anglicane, à peine informé des faits de l'affaire, vint immédiatement à son secours. Il fit immédiatement transporter le visiteur de l'île Pitcairn, dont la santé était très affaiblie, dans sa propre maison, où il fut soigné et servi dans ses heures de faiblesse et de souffrance avec toute l'attention et les soins que la gentillesse et l'amour pouvaient suggérer. Même lorsque sa vie était presque désespérée, le bon ecclésiastique et son estimable épouse n'ont jamais abandonné leur espoir et leur confiance en Dieu qu'il bénirait les efforts qui ont été déployés pour rétablir la santé de leur hôte. Leur maison fut sa maison pendant le reste de son séjour, et l'amour et les soins inlassables manifestés par les nombreux amis venus le voir, ainsi que par le pasteur et sa famille, laissèrent dans son esprit une impression qui ne put jamais s'effacer. . L'autre visiteur partageait la même gentillesse et la même attention qui étaient si généreusement accordées à son compagnon, les dignes gens de Hull, vers quel port son navire se rendait, faisant tout ce qui était en leur pouvoir pour lui pendant qu'il restait avec eux. À leur arrivée à San Francisco, ils éprouvèrent partout où ils allaient les plus grandes faveurs que la prévenance pouvait suggérer ou que l'amitié pouvait montrer.

En juin de la même année, un autre jeune homme de l'île partit pour l'Angleterre. Les deux qui l'ont précédé sont rentrés chez eux après une absence d'un an et deux ans respectivement, mais le troisième, Richard Young, n'est jamais revenu et, après une période d'absence de neuf ans, est décédé à Oakland, en Californie.

Entre-temps, un autre équipage naufragé avait été abandonné à l'hospitalité des insulaires. Le navire anglais *Acadia*, quittant San Francisco, environ un mois après avoir quitté ce port, a fait naufrage sur l'île Ducie. Dès qu'il fut établi que le navire ne pouvait pas être sauvé, on se prépara à l'abandonner. L'équipage a pu économiser une partie considérable de ses vêtements et, mettant dans ses deux bateaux autant de provisions qu'ils pouvaient transporter en toute sécurité, a mis le cap sur l'île Pitcairn, s'arrêtant pour une journée à l'île Elizabeth. En quittant le navire, l'un d'entre eux, le maître d'équipage, reçut dans le corps un coup de pistolet intempestif, ce qui heureusement ne fut pas grave.

En quittant l'île Elizabeth, le vent, étant en leur faveur, leur permit de se rendre rapidement au lieu où ils devaient se rendre, et le matin du deuxième jour, les marins naufragés furent réjouis à la vue du drapeau anglais hissé sur l'île. le haut sommet au-dessus du lieu d'atterrissage. Comme auparavant, les hommes étaient accueillis par les différentes familles, par deux ou trois, jusqu'à ce qu'ils aient la possibilité de repartir. Cela se produisit bientôt, le capitaine George, le premier officier, M. John Simpson, et deux ou trois des garçons qui étaient avec eux sur l' *Acadia*, partirent sur le navire américain *Edward O'Brien*, pour l'Angleterre.

Il n'est peut-être pas déplacé de dire ici que, le procès qui les attendait s'étant terminé favorablement, le capitaine George et M. Simpson acceptèrent chacun une place à bord du paquebot *Escambia*, le premier occupant le poste de premier officier, et M. Simpson une note inférieure. L' *Escambia* quitta Londres pour la Chine, se dirigeant de là vers San Francisco, où, après le chargement, on tenta de prendre la mer avant que la cargaison n'ait été correctement réglée. Cet acte imprudent se termina de manière désastreuse, car le navire chavira et coula en quelques minutes. La plupart des personnes à bord ont coulé avec le navire, et parmi ceux qui ont péri ainsi se trouvaient le défunt capitaine et second du malheureux *Acadia*. Du reste de l'équipage resté sur l'île, trois ont pris la route pour l'Angleterre sur le navire américain *Alfred D. Snow* et, plus tard, le reste est retourné à San Francisco, à l'exception de trois, qui ont choisi de rester sur l'île. , et un jeune dont le domicile et les parents se trouvaient à San Francisco, mais qui avait été injustement laissé pour compte. Il n'a pas non plus eu la possibilité de rentrer chez lui avant un séjour de neuf mois sur l'île.

Deux des hommes dont le choix était de rester se sont mariés après un certain temps, l'un s'est installé sur l'île, tandis que l'autre, après un séjour de trois ans, est parti avec sa femme et ses deux petits enfants pour sa maison au Pays de Galles, où la femme et ma mère est décédée en moins d'un an.

Le troisième, le charpentier du navire, avait également décidé de suivre l'exemple de ses deux camarades et avait réussi, pas sagement mais trop bien, à gagner l'affection d'une jeune fille qui allait bientôt se marier avec l'un des hommes de l'île. Mais ce malheureux attachement se termina mal, car quelques parents de la jeune femme, indignés de la tournure des affaires, s'employèrent à arranger les choses selon leur jugement, et s'attirèrent en leur faveur les sympathies du magistrat. Il eut bientôt l'occasion, par une insulte imaginaire envers lui-même, d'ordonner à l'Anglais de quitter l'île. L'acte, injuste en soi, fut commis et il quitta l'île à bord du navire de guerre britannique *Sappho* , en juillet 1882. Le capitaine Clark, du *Sappho* , ne cachait pas son opinion sur l'ensemble de la procédure, mais il a déclaré l'injustice de l'acte. Cependant, conformément au souhait fortement exprimé du magistrat, il reçut le charpentier à bord de son navire et lui donna un passage pour Honolulu, où il obtint un emploi convenable.

Dans les lettres reçues de lui, il dénonça avec amertume et sans ménagement tous ceux qui avaient participé à la lutte indigne qui aboutit à son expulsion. Avant de partir, le capitaine Clark, sur demande spéciale, fit une loi qui interdisait désormais le mariage d'un étranger avec aucun des insulaires, dans l'intention de s'établir parmi eux. Plusieurs raisons ont été avancées pour justifier une telle loi, la principale étant que la population augmentait assez rapidement sans aucun apport extérieur. La loi fut ensuite amendée par une clause stipulant que si quiconque dont le séjour pouvait bénéficier à l'île souhaitait s'y installer, il pouvait le faire. Mais comme l'île n'offrait aucune incitation à quiconque en dehors de ses propres habitants en tant que lieu d'habitation souhaitable ; il n'y avait aucun danger d'augmentation de la population provenant d'étrangers, et la loi aurait pu rester telle qu'elle avait été rédigée à l'origine.

The linked image cannot be displayed. The file may have been moved, renamed, or deleted. Verify that the link points to the correct file and location.

- 124 -

CHAPITRE XXI.

L'ÉPAVE de l'OREGON

DEUX ANS s'étaient écoulés après que l'équipage de l' *Acadia* eut trouvé refuge sur l'île Pitcairn, lorsqu'une nuit, le 23 août 1883, alors que les insulaires étaient sur le point de se retirer pour se reposer, ils furent surpris par des cris et le souffle d'un brouillard. corne venue d'au-dessus des eaux. Il était évident qu'un autre naufrage s'était produit quelque part à proximité, et les hommes, se rassemblant en toute hâte, partirent avec des lanternes dans la nuit et furent bientôt au lieu de débarquement. Après avoir lancé un bateau, quelques minutes de traction rapide les amenèrent à l'objet de leur recherche. Il s'agissait d'un bateau ayant appartenu à la barque *Oregon* , aujourd'hui épave sur les récifs d'Oeno. Elle était à environ un mois de l'Oregon en route vers le Chili lorsqu'elle a heurté les récifs qui entouraient l'île basse d'Oeno. Tout l'équipage et trois passagers, une veuve et ses deux jeunes garçons, ont atterri en toute sécurité sur l'île d'Oeno. La position du navire après son heurt était telle qu'elle permettait à l'équipage d'emporter tout ce qu'il voulait, afin d'être confortablement installé pendant son séjour forcé.

Lorsque tout fut rendu aussi confortable que les circonstances le permettaient, le capitaine, nommé Hardy, et son compagnon, M. Walker, après s'être consultés, décidèrent que le capitaine devrait prendre leur petit bateau et chercher un passage à travers les fortes vagues qui se brisaient continuellement. sur le récif entourant la lagune, et s'il réussissait à l'accomplir en toute sécurité, les autres devaient le suivre dans les deux autres bateaux, avec autant de marchandises qu'ils pouvaient prudemment transporter. Le capitaine Hardy, accompagné d'un des matelots et du cuisinier, quitta le rivage. Juste au moment où le bateau avait dépassé les eaux douces de la lagune et se dirigeait vers les brisants, il chavira et le pauvre capitaine se noya. Le bateau du second, qui le suivait presque directement, a traversé en toute sécurité les vagues houleuses et, au passage, les deux hommes qui s'accrochaient au bateau retourné ont été secourus. Avec cet ajout à son équipage, le second, ne revenant pas annoncer à ceux qui se trouvaient derrière lui le sort du capitaine, se dirigea immédiatement vers l'île Pitcairn. Le temps étant beau et le vent favorable, ils atteignirent leur destination dès la deuxième soirée.

La plupart des hommes à bord du bateau du second étaient des Chiliens et étaient à peine capables de parler anglais. Tous furent reçus et hébergés, un petit bâtiment désaffecté ayant été aménagé pour leur logement, et après un repos de deux nuits et un jour, M. Walker, laissant ses propres hommes derrière lui, prit un équipage d'insulaires et retourna à Oeno, en fouille du reste de l'équipage du navire. Mais ceux-ci n'avaient pas attendu son retour, car, restés sans mot sur ce qui s'était passé après la vaine tentative du capitaine pour effectuer un passage, ils avaient mis à l'eau leur grand bateau et, y plaçant les malles appartenant à la dame, Mme . Collyer, qui les accompagnait avec ses enfants, eux aussi suivirent le chemin que les autres avaient pris. Un grand marin irlandais prit le commandement du bateau et éprouva quelques difficultés à diriger le reste des hommes qui l'accompagnaient et qui ne montraient certainement aucune disposition à obéir volontairement à ses ordres. Bien qu'il possédât des connaissances très limitées dans l'art de la navigation, sous la direction d'une Providence miséricordieuse, leur bateau arriva sans problème, et le lendemain du départ du second, l'équipage d'hommes fatigués, qui avaient ramé presque tout le temps, loin, contemplé, avec un sentiment de véritable gratitude, la vue de la terre et la perspective du repos. La pauvre femme aussi était épuisée d'inquiétude, et les soins et les attentions qui lui étaient prodigués lorsqu'elle arrivait au milieu d'amis étaient des plus gratifiants.

Son expérience avait été triste. Son mari, le révérend JW Collyer, dont le domaine de travail était au Chili, allait, pour le bien de sa santé, rendre visite à sa mère aux États-Unis et avait réservé un passage pour lui et sa famille sur le écorce *Oregon* , pour l'État du même nom. À seulement quelques jours de la côte sud-américaine, sa maladie s'est soudainement aggravée et, de manière inattendue et quelques minutes seulement avant son avertissement, il est décédé, ne laissant aucun mot pour réconforter et réconforter sa femme au cœur presque brisé. Elle dut endurer la douleur supplémentaire de le faire enterrer en mer et, veuve, parmi des étrangers, elle entreprit le voyage vers l'Oregon. Elle retournait maintenant dans la maison de son père à Lola, au Chili, lorsque le désastre inattendu s'est produit, la privant de l'espoir de revoir bientôt sa famille et ses amis. Mais leur séjour sur l'île fut de courte durée, car, avant le retour de M. Walker d'Oeno, tous avaient été de nouveau reçus à bord du navire britannique *Leicester Castle* , commandé par le capitaine Boag, en route vers San Francisco.

En arrivant à Oeno, le premier soin de M. Walker fut de sécuriser la boîte à bijoux de la dame, qu'il gardait avec un soin jaloux, mais il arriva à Pitcairn juste une heure trop tard pour remettre la boîte entre les mains de la dame, alors que le *château de Leicester* était sur le point de le faire. partit lorsque le bateau du second apparut, les insulaires ayant fourni tout ce qu'ils pouvaient de leur propre stock de provisions pour répondre aux lourdes demandes imposées aux magasins du *château de Leicester* par l'ajout de tout un équipage de naufragés. Après un voyage long et fastidieux, le capitaine Boag arriva enfin au port, où l'équipage du défunt *Oregon* fut rapidement déchargé. Mme Collyer est également partie presque immédiatement pour rentrer chez elle, où elle est arrivée saine et sauve à temps et où sa boîte aux trésors lui est parvenue après quelques mois de retard. À son arrivée en Angleterre, le capitaine Boag souffrit quelques inconvénients du fait qu'il avait embarqué un si grand nombre de naufragés à bord de son navire et qu'il avait si lourdement recours à ses propres ressources limitées pour subvenir à leurs besoins.

Le 6 novembre, le dernier survivant de la génération qui succéda immédiatement aux mutins décéda. Elizabeth Young, *née* Mills, et dont le premier mari était un fils de Quintall le mutin, est décédée à l'âge de quatre-vingt-treize ans. Ses luttes contre le dernier ennemi furent prolongées, comme s'il était si difficile d'abandonner la vie. Tant que durait la parole, elle semblait revivre l'époque où, enfant, elle était instruite par John Adams, et tout en se débattant sur son lit et dans ses moments de calme, elle ne cessait de répéter la prière que John Adams enseignait à son jeune homme. troupeau à répéter avant de se retirer pour se reposer : « Je me coucherai en paix et je prendrai mon repos, car Toi, Seigneur, tu fais seulement que j'habite en sécurité. Entre tes mains, je remets mon corps, mon âme et mon esprit. Tu m'as racheté, Seigneur, toi Dieu de vérité. La deuxième année qui a suivi la mort de la vieille Elizabeth Young – surnommée par tout le monde « ma-ma » – a vu plus de décès qu'il n'y en avait eu au cours de n'importe quelle année précédente depuis que l'île a été réhabitée, quatre décès survenant au sein de la communauté au cours de l'année 1885.

CHAPITRE XXII.

ARRIVÉE de M. JEAN I. TAY

En raison de la situation extrêmement isolée de l'île Pitcairn et de l'incertitude qui accompagne tout effort pour l'atteindre si l'on s'aventure au-delà de ses limites étroites, les insulaires s'étaient jusqu'ici, à de très rares exceptions près, contentés de passer toute leur vie ensemble, plutôt que de courent le risque de quitter leur île isolée sans savoir quand ils la reverront. En vingt-sept ans, cinq seulement avaient quitté l'île pour visiter d'autres lieux, tous étant des hommes ; mais en janvier 1886, pour la première fois, une femme insulaire quitta sa maison et sa famille pour recommencer sa vie dans un pays lointain. Laisser derrière soi et pour toujours les scènes des années passées, les parents, les frères et sœurs affectueux, et l'ancienne vie de devoirs et de plaisirs simples, pour entrer dans une scène de vie nouvelle et inédite – en fait, à peine rêvée – exigeait un grand courage. Elle le manifesta, guidée par le sens élevé du devoir qu'elle devait à son mari, qui, après un séjour de cinq ans et demi, était sur le point de retourner dans son pays natal.

La douleur de se séparer de ses parents, dont le tendre amour avait veillé sur toute sa vie, ainsi que des frères, sœurs et amis qui la chérissaient et qui appréciaient son amour et son amitié, a été courageusement supportée. Un peu de temps seulement, moins d'un jour, leur fut accordé pour préparer leur départ, et quand vint l'heure de se séparer, le cortège qui les suivit jusqu'au débarcadère ressemblait à celui d'un enterrement, car tous savaient que la séparation serait définitif. Moins d'un an après avoir atteint sa nouvelle maison, elle est décédée, l'hiver froid dans un pays étranger s'avérant trop rigoureux pour une constitution toujours délicate.

En octobre de la même année 1886, le dix-huitième jour du mois, arriva le navire de guerre britannique *Pelican* , dont le capitaine avait courtois et aimablement reçu à bord, à Tahiti, un missionnaire américain, John I. Tay par nom, membre du corps des chrétiens connus sous le nom d'adventistes du septième jour. Désireux d'atteindre l'île Pitcairn dans le but de présenter aux gens ce qu'il croyait être des vérités qui leur étaient jusqu'alors inconnues, il trouva passage, comme je l'ai dit précédemment, à bord du *Pelican* . Il fut traité par tous les officiers et hommes avec la plus grande considération et la plus grande courtoisie, et réussit, pendant le voyage, à éveiller suffisamment d'intérêt parmi certains membres de l'équipage du navire pour les amener à s'enquérir et à approfondir les sujets présentés dans les livres qu'ils présentaient. reçu de lui.

LA CLASSE DE HATTIE ANDRÉ.

Comme aucune objection n'a été soulevée par la population quant à la question de savoir si le missionnaire serait autorisé à rester, il resta sur l'île lorsque le *Pélican* s'en alla. Dix ans plus tôt, un important paquet de publications adventistes du septième jour avait été envoyé à l'île, accompagné de lettres de deux des principaux ministres de cet organisme, les anciens James White et JN Loughborough, demandant sincèrement aux gens de donner une lecture franche et attentive. à ce qui leur avait été envoyé. Les lettres furent lues, mais les brochures et les tracts furent considérés avec suspicion, et leur contenu fut d'abord examiné avec beaucoup de prudence.

Une étude plus approfondie a éveillé un intérêt plus profond, jusqu'à ce que les quatre cinquièmes de la population soient convaincus que les déclarations concernant le sabbat, étayées par un ensemble de preuves tirées de la Bible elle-même, étaient trop convaincantes pour être niées plus longtemps. Pourtant, jusqu'à l'arrivée de M. Tay, personne n'a abandonné l'observance du dimanche et n'a accepté le septième jour comme sabbat. Cela a été fait la deuxième semaine du séjour du missionnaire, et avant le départ de M. Tay, toute la communauté observait et croyait profondément au septième jour comme sabbat du Seigneur.

Une étude minutieuse des différents points de doctrine défendus par les adventistes du septième jour a conduit d'abord à la conviction du peuple que leurs positions étaient correctes, et finalement à leur acceptation de celles-ci, même s'ils estimaient que cela serait une question de de regret, sinon de mécontentement positif, pour beaucoup de ceux qui avaient jusqu'ici exprimé et montré de la manière la plus substantielle l'intérêt chaleureux qu'ils avaient toujours ressenti pour l'île de Pitcairn et ses habitants. Même si cela était triste à envisager pour les insulaires, ils estimaient qu'ils ne pouvaient faire autrement que de suivre leurs convictions du devoir.

Après le départ de M. Tay, parti au cours de la dernière semaine de novembre 1886, des divergences surgirent quant à la manière de pratiquer le culte et, dans l'intérêt de l'harmonie et de l'union chrétienne, une réunion fut convoquée pour discuter et examiner la question. et adopter un plan de culte dans lequel tous pourraient s'unir. C'était en mars 1887, et le résultat de la réunion fut que le Livre de Prière Commune fut mis de côté.

Depuis un an, les insulaires observaient le septième jour comme sabbat, et ils se demandaient comment ce changement serait accepté par les représentants du gouvernement britannique, sous la protection duquel ils se trouvaient, alors qu'un navire de guerre devrait arriver. Par conséquent, une certaine inquiétude fut ressentie lorsque, en décembre 1887, le HMS *Cormorant* arriva. C'était un dimanche et les visiteurs, remarquant que ce jour n'était pas considéré comme un moment sacré, étaient curieux d'en connaître la raison. Les questions se succédèrent jusqu'à ce que toute l'histoire soit racontée. C'est peut-être l'extrait suivant d'un périodique anglais, écrit par l'un des messieurs à bord du *Cormorant*, qui raconte le mieux comment le changement a été perçu. Après une brève description de l'île et de la façon dont elle était peuplée, l'auteur continue en disant :

« Ce sera donc un sujet de regret pour beaucoup de ceux qui s'intéressent à la petite communauté d'apprendre qu'au cours des deux dernières années, leurs principes ont subi une révolution et qu'ils se sont inscrits parmi les adventistes du septième jour - un secte originaire des États-Unis. C'est avec une surprise naturelle que j'ai entendu parler de ce changement et, au cours de la conversation, j'ai découvert que sa cause était la visite sur l'île d'un missionnaire adventiste qui y restait quelques *semaines* , inculquant les doctrines de sa secte parmi les insulaires. Il n'aurait pas pu trouver de meilleur sol pour semer sa graine douteuse. Très sérieux et désireux d'apprendre, croyants implicites et vénérables de la Bible, les simples insulaires, ignorants des sophismes et des subtilités des déductions scripturaires, écoutaient attentivement les arguments de leur visiteur fanatique, qui, prenant la Bible comme point de vue, convainquit bientôt Ils leur ont fait part du bien-fondé de ses opinions... L'île était inondée de littérature adventiste du septième jour, émanant du siège de la secte dans le Michigan, et les insulaires étaient pleins de l'enthousiasme des convertis dans la poursuite de leur nouvelle croyance. »

L'article dont l'extrait précédent a été tiré se termine par une description très agréable des sentiments de l'écrivain en se réveillant le matin et en entendant la voix de louange et de prière monter de plus d'un autel familial, une coutume commencée par John Adams, le converti mutin, et qui continue encore.

La visite du *Cormoran* restera toujours parmi les souvenirs lumineux et agréables de l'île, même si elle n'y est restée que deux jours. Le premier jour, tous les jeunes et enfants, ainsi que de nombreux adultes, ont subi la légère opération de vaccination. L'acte était en soi assez simple, mais le virus utilisé était si puissant que beaucoup de ceux qui avaient été vaccinés pour la première fois restèrent pendant plusieurs jours complètement prostrés avec de graves maux de tête et des douleurs lancinantes dans tout le corps. Dans de nombreux cas, les blessures montraient une forte réticence à guérir, et le flux de pus était si important qu'il nécessitait l'utilisation constante de bandages jusqu'à ce que le long processus de guérison soit accompli.

Le capitaine Nicolls a invité tous ceux qui le souhaitaient à visiter son navire et à profiter d'un agréable divertissement à bord. La partie arrière du pont avait été préparée pour le divertissement, et d'un côté à l'autre du navire se trouvait un grand étalage de banderoles, joliment festonnées pour former une cloison. Le capitaine présidait devant un grand piano, tandis qu'à ses côtés se tenait un de ses officiers, qui l'accompagnait au violon, instrument qui contribuait largement à la musique, deux ou trois autres étant habilement joués par autant de membres de l'équipage du navire. Les acclamations bruyantes qui saluaient chaque nouvelle représentation se faisaient entendre à terre, et lorsque la première étoile de la soirée apparaissait, les insulaires chantaient pour leur morceau de clôture, « Twilight Is Stealing over the Sea ». Puis tout le monde s'est levé pour terminer la soirée en chantant « God Save the Queen », après quoi les bateaux de l'île, avec leur chargement humain, sont repartis vers leur domicile, et le *Cormorant* s'est éloigné vers sa destination, lui disant au revoir avec le sifflet de sa sirène.

CHAPITRE XXIII.

LE NAVIRE MISSIONNAIRE PITCAIRN

EN janvier 1889, s'est produit l'un des accidents les plus tristes jamais survenus sur l'île. Un jeune homme de vingt-quatre ans sortit un jour chercher parmi les rochers des jeunes oiseaux marins. Il était accompagné de deux de ses jeunes frères, qui tenaient une corde, pendant qu'il descendait vers un endroit très dangereux dans les rochers. Ses frères le pressèrent en vain de ne pas y aller, mais aucune persuasion ne fut efficace, et il poursuivit son objectif. Il avait pris quelques oiseaux et était sur le point d'essayer d'en attraper un autre quelques pieds au-dessus de lui dans un petit creux dans le rocher, lorsqu'il perdit pied et tomba de plusieurs centaines de pieds dans la mer impitoyable en contrebas. Haletants de hâte et pâles d'horreur, les deux autres garçons revinrent raconter l'horrible histoire de ce qui s'était passé. L'horreur ressentie par tout le monde était grande, et les cris perçants de la mère et de l'épouse du jeune homme déchiraient l'air tandis qu'elles couraient vers le lieu de l'effroyable accident. En un rien de temps, un bateau fut armé et tiré par des bras déployés de toutes leurs forces jusqu'à l'endroit où le corps du jeune homme tomba à l'eau. Mais les recherches n'ont donné aucun résultat, même si elles ont duré des jours. Tout ce qu'on retrouva, c'était un chapeau lui appartenant, et qui flottait à une grande distance de l'endroit où il était tombé.

Vers le milieu de la même année, une excitation d'un caractère différent se produisit. Lorsque le *Cormorant* visita l'île en 1887, année du jubilé de la reine, le capitaine et les officiers demandèrent si la petite communauté avait contribué de quelque manière que ce soit à la célébration de l'événement. Lorsque la réponse fut donnée par la négative, ils dirent que la Reine reconnaîtrait un cadeau, aussi petit soit-il. Ainsi encouragé, une caisse contenant quelques spécimens de l'ouvrage du peuple fut dressée le plus tôt possible et envoyée à son souverain.

Sa Majesté a été gracieusement heureuse de recevoir l'humble gage de loyauté et d'amour et a envoyé un remerciement, accompagné d'un cadeau des pièces frappées à l'occasion de son jubilé, dont la valeur varie d'une pièce de six penny à quatre pièces de shilling. Ceux-ci devaient être distribués entre les femmes et les filles, et le capitaine Nicolls, du *Cormorant*, lors de sa deuxième visite, avait l'agréable tâche de distribuer le cadeau, que les receveurs étaient fiers de recevoir et de garder en souvenir de leur reine bien-aimée. La cérémonie sur le *Cormorant* partit, mais avant que le voyage de retour ne soit à moitié accompli, le capitaine Nicolls, à Rio Janeiro, attrapa la fièvre jaune et mourut. Il a été enterré en mer.

Une nouvelle décennie était maintenant entrée et, au premier mois de 1890, le peuple célébrait, le vingt-troisième jour, le siècle d'années depuis l'arrivée du *Bounty* sur l'île. La même période de temps au cours de laquelle parmi les nations de la terre avait été témoin de l'étonnante marche en avant du progrès et de la civilisation avancée, n'a vu que peu de changements dans ce petit monde situé à lui seul au milieu du vaste océan. Pourtant, les gens sentaient que Dieu les avait guidés jusqu'au bout, et ils se sont réunis à l'église pour organiser un service de louange par lequel commencer la journée, remerciant Dieu pour les miséricordes passées et le priant de pourvoir aux grâces futures. Voici un hymne composé et chanté à cette occasion :

Notre Père, Dieu, nous venons relever

Nos chants pour toi dans des louanges reconnaissantes ;

Nous venons chanter ta main directrice,

Nous sommes toujours soutenus par ce soutien.

Vers cette belle terre que nos pères cherchaient

Pour fuir le destin que leurs péchés avaient apporté,

En vain, ni la paix ni le repos n'ont été trouvés,

Car les conflits possédaient le terrain impie.

L'obscurité autour de leur chemin s'était étendue ;

Leurs crimes méritaient une vengeance redoutable ;

Quand, eh bien ! une lueur d'espoir a été donnée

Pour guider leurs pieds égarés vers le ciel.

Ta sainte parole, phare lumineux,

Avait percé les ombres de la nuit noire du péché,

Et déversa un flot de rayonnement là où

Régnait l'obscurité d'un sourd désespoir.

Nous possédons les profondeurs du péché et de la honte,

De la culpabilité et du crime dont nous sommes issus ;

Ta main nous a soutenus du désespoir,

Sinon, nous y avions sombré dans l'obscurité.

Nous, leurs descendants, ici aujourd'hui

Rassemblez-vous dans votre maison pour louer et prier,

Et demande ta bénédiction pour y assister

Et guide-nous vers la fin du voyage de la vie.

Oh, pour que nos vies soient désormais

Plus consacré, Seigneur, à toi !

Tes faveurs illimitées nous ont été montrées

Avec gratitude, nous le possédons humblement.

Tu sais d'où nous sommes sortis ;

Inspire chaque cœur, délie chaque langue,

Que toutes nos puissances puissent s'unir pour bénir

Le Seigneur, notre force et notre justice.

Au début de cette année 1890, on apprit que la goélette missionnaire dont on parlait tant avait été construite et allait bientôt partir en mission vers les îles du Pacifique ; mais ce n'est que le 25 novembre de la même année qu'elle arriva, faisant de l'île Pitcairn sa première halte. Les missionnaires, qui étaient les frères Gates et Read, leurs épouses et M. et Mme Tay, ont été accueillis avec joie. Après un court repos, ils commencèrent le travail d'organisation de l'église et de l'école du sabbat. Le rite du baptême était célébré, au cours duquel tous les membres adultes de la communauté étaient reçus dans le corps de l'Église. Ce service solennel et impressionnant fut assisté pour la première fois par le peuple, qui jusqu'alors n'avait vu et connu que l'aspersion d'eau sur le visage des enfants.

Lorsque le *Pitcairn* , ainsi nommé le navire, quitta l'île, trois des insulaires s'en allèrent travailler dans différents endroits. A son retour, en juillet 1892, deux membres de sa compagnie manquaient à l'appel. M. Tay, dont le nom était si étroitement associé au navire, ainsi qu'à l'île, était décédé à Suva, aux Fidji, et le capitaine, M. Marsh, avait été victime de la grippe et était décédé à Auckland, au Nouveau-Brunswick. Zélande.

Elder Gates et sa femme sont restés sur l'île, tandis que les *Pitcairn* sont retournés en Californie. On ne peut pas en dire trop sur le bien que leur séjour a accompli. Même si, physiquement, ce monsieur n'était pas fort, il s'efforçait d'élever l'esprit des gens, qui avaient naturellement, en raison de leur situation isolée, une vision très étroite et limitée de la vie. Dès que possible, il ouvrit un cours auquel tous les jeunes gens assistèrent et, pour les aider davantage, organisa une société littéraire de plus de quarante personnes, à laquelle tous les membres participèrent et qui fut pleinement appréciée tant qu'elle fut entretenue. .

Quatre mois après son arrivée, il créa un journal, lui donnant le nom de *Monthly Pitcairnian* , aux pages duquel *tous* étaient invités à contribuer. Le journal disposait de sa propre équipe de journalistes, au nombre de six, qui ne parvenaient presque jamais à envoyer de nouvelles ; néanmoins, ses pages étaient toujours pleines. Il y avait d'abord la page d'ouverture, sur laquelle figurait généralement un poème original. Cela a été suivi par la page éditoriale, que le rédacteur en chef, Elder Gates, a réussi à remplir d'un article vivant. Le reste du journal se composait de cinq autres départements, consacrés aux sujets moraux et religieux, au cercle familial, aux actualités, aux plaisanteries et à toutes sortes.

Le 18 février 1893, le *Pitcairn* arriva pour la deuxième fois depuis San Francisco, emmenant, en plus des autres passagers, des missionnaires destinés à être répartis sur différentes îles. Une enseignante américaine, Miss Hattie Andre, tout juste diplômée de l'université, est venue organiser et enseigner une école sur l'île de Pitcairn. Après l'incident de retard nécessaire lors d'une nouvelle arrivée, des mesures immédiates ont été prises pour que l'école démarre correctement. Cela fut fait au début d'avril, et les jeunes gens, pleinement conscients de leur manque d'éducation, ne tardèrent pas à profiter des avantages que leur offrait d'avoir pour instructeur un homme aussi qualifié et aussi apte à ce travail. Quarante-deux jeunes, âgés de quatorze à trente-neuf ans, ont été inscrits comme étudiants, dont une fille de Mangareva, dont les deux frères cadets ont été placés parmi les autres enfants de sept à treize ans. années. Ils étaient au nombre de vingt et étaient instruits par l'une des femmes de l'île.

Mme Gates ouvrait en même temps une école maternelle pour les plus jeunes enfants et avait au départ une classe de quatorze élèves. En outre, elle organisait une réunion de mères et donnait un cours deux fois par mois pour enseigner les méthodes de traitement des malades et aussi la cuisine. En outre, elle enseigna, ou plutôt tenta d'enseigner, la sténographie à quelques jeunes gens, dont certains renoncèrent bientôt à tenter d'apprendre. Quatre d'entre eux s'entraînaient assidûment et rencontraient un certain succès lorsque la classe fut inévitablement interrompue.

La société littéraire et les cours dispensés par Elder Gates furent fusionnés dans l'école, et le *Monthly Pitcairnian* passa entre les mains des étudiants, qui étaient censés maintenir ses colonnes bien approvisionnées, malgré le manque de matériel pour les approvisionner.

Et maintenant nous approchons d'une époque sans précédent dans l'histoire de l'île Pitcairn, une époque où elle fut soumise à une visite si terrible tant qu'elle dura, et si terrible dans ses effets, qu'on remarqua que ceux qui y survécurent n'étaient pas les mêmes personnes. ils l'étaient avant qu'il n'arrive. Mais c'est anticiper. Le 27 avril 1893, l'équipage naufragé du *Bowdon*, perdu sur le récif d'Oeno, arriva sur l'île de Pitcairn. Le capitaine et quelques autres partirent bientôt sur un navire américain pour l'Angleterre, tandis que les autres attendaient l'occasion de retourner à San Francisco. Il n'est pas nécessaire de donner un récit détaillé de leur séjour, mais celui-ci n'apporta aucune bénédiction à l'île.

Les insulaires ont effectué plusieurs voyages vers et depuis l'épave, et même plusieurs femmes ont accompagné leurs maris et leurs frères lors de leur dernier voyage en bateaux ouverts vers Oeno. Tous revinrent sains et saufs, aucun accident ne s'étant produit ni à l'aller ni au retour, le temps restant beau. C'était en juin, le mois des vacances. Le mois suivant le HMS *Hyacinth* arriva, et pendant son court séjour plusieurs cas de maladie furent soignés par le médecin, qui déclara qu'il s'agissait d'une forme de *grippe*. Certaines des personnes qui souffraient à cette époque étaient désespérées, mais toutes ont finalement récupéré.

Il était évident que la terrible fièvre qui attaquait les gens s'était introduite dans l'équipage des naufragés. Lorsque *Hyacinthe* partit, une légère attaque de grippe se répandit parmi la population, aggravant la maladie la plus grave. Tout ce qui était possible dans ces circonstances fut accompli, les missionnaires s'efforçant de tout faire pour aider les sinistrés, qui, un à un, tombèrent rapidement victimes de cette terrible maladie. Le 26 août eut lieu le premier décès, ouvrant la voie à bien d'autres, et avant que la terrible œuvre de mort ne soit terminée, douze personnes furent emmenées, le dernier décès survenant le 19 octobre. Les appels à l'aide de ceux qui étaient impuissants étaient si urgents qu'il n'y avait guère de temps pour pleurer les morts, et les rares qui passèrent indemnes de l'épreuve ardente restèrent constants dans leur assistance, nuit et jour, jusqu'à ce que la nature elle-même abandonne presque l'intervention. lutte.

LA CLASSE DE ROSA YOUNG.

Certains des ouvriers les plus estimés et des membres éminents de l'Église et de l'École du sabbat, ainsi que deux fonctionnaires civils, sont tombés, et quatre des jeunes les plus prometteurs ont été emportés par la mort. Simon Young, le pasteur aimé et respecté de l'Église, qui avait travaillé parmi le peuple pendant vingt-neuf ans, tomba à son poste. Sa fille, Mme JR McCoy, qui fut la première à mourir, et ses deux fils, Edward et John Young, le premier laissant une veuve et quatre enfants, périrent tous dans la peste. Ella McCoy, une fille très prometteuse, est décédée une semaine après sa mère. À cause de ces décès, l'école a perdu cinq de ses élèves, John Young, Reuben Christian, Ella McCoy et Martha et Clarice Christian. Le petit Willie Christian était le seul du département le plus jeune à mourir. Les trois autres qui ont succombé à cette terrible maladie étaient Elias Christian, père du petit Willie, Childers Young, et d'un bébé de deux ans, Emma Christian.

Le présent écrit témoigne de la visite du *Pitcairn* lors de son deuxième voyage de retour à San Francisco. Quand elle partira, Elder Gates et sa famille partiront également, et trois jeunes de l'île prendront également le passage avec elle pour la Californie, pour y aller à l'école. Miss André reste avec nous jusqu'à ce que le devoir nous appelle ailleurs. Le *Pitcairn* accompagnait des lettres de sympathie et d'encouragement d'amis d'Australie, où la nouvelle de la mort de sa femme a rencontré M. McCoy.

Ce qui attend cette petite île est encore dans le futur. Il y a près de deux ans, en octobre 1892, lorsque le navire de guerre *Champion* a appelé, le capitaine Rooke a présidé une réunion tenue pour enquêter sur les opinions religieuses modifiées de la population, et sur le fait que quelque chose de la même nature est encore en cours. magasin pour la communauté est ce que l'on croit fermement.

Depuis l'avènement de *Pitcairn,* les communications ont été plus fréquentes entre les habitants de l'île Norfolk et leurs proches sur l'île de Pitcairn, mais les moyens de communication avec le monde extérieur sont loin d'être satisfaisants.

Plusieurs habitants de l'île ont fait de courts voyages à Tahiti et à Mangareva, et en sont revenus, et en 1891 deux jeunes hommes se sont rendus en Californie et en Oregon, sur une barque britannique, l' *Earl Dunraven* , dont le capitaine, ami des insulaires, a apporté un gros cadeau de vêtements et de nombreuses choses utiles de la part de bons amis dans les endroits qu'il a visités.

En écrivant ce récit des faits concernant l'île de Pitcairn, nous avons estimé qu'il serait injuste de ne pas mentionner tous ceux à qui le peuple doit des faveurs innombrables ; mais ce n'est guère possible ; seulement, nous sentons qu'il est au-delà de notre pouvoir d'exprimer la dette que nous devons à tant de personnes, et à mesure que les années passent et nous amènent à la grande fin de toutes les choses terrestres, nous ne pouvons que prier pour que ceux qui ont veillé sur nous en nous fournissant nos désirs peuvent rencontrer une riche récompense. Les efforts incessants qui ont été déployés par des amis dans un passé lointain et par ceux qui se sont levés pour occuper leur place, pour élever et bénéficier au peuple, n'ont pas tous été vains, et tout le bien a été accompli, tout cela sous Dieu, c'est grâce à ces efforts.

Aucun récit de l'histoire de Pitcairn ou de l'île Norfolk – cette dernière en ce qui concerne la deuxième « expérience sociale » qui y fut menée, à savoir l'occupation de cette île par les descendants des mutins *du Bounty* – ne peut être complet sans une mention de deux qui ont joué un rôle important dans l'histoire des débuts de la colonisation de l'île Pitcairn par les mutins et leurs descendants. Il s'agissait de John Buffett et du révérend GH Nobbs qui, surtout ce dernier, depuis leur apparition dans la petite communauté en 1823 et 1828 respectivement, ont continué à faire tout ce qui était en leur pouvoir pour le bénéfice social du peuple. , même si des erreurs très graves ont été commises.

M. Nobbs, qui s'identifiait si étroitement au peuple et dont l'effort constant était de promouvoir ses meilleurs intérêts, a mis fin à sa longue et utile vie en novembre 1884, descendant dans sa tombe respecté et honoré de tous et laissant derrière lui des fils bien qualifiés pour soutenir son nom honoré.

John Buffett aussi, qui s'est si noblement porté volontaire pour se couper de toutes les fascinations que le monde pouvait avoir pour lui, et a choisi de s'associer à une communauté si insignifiante et si éloignée, pour pouvoir aider

John Adams dans son jours en déclin, dans les devoirs ardus et les lourdes responsabilités que nécessite l'élevage d'une jeune colonie, est décédé en mai 1891, après avoir presque accompli un siècle d'années. Il laisse également derrière lui de nombreux descendants ; tous ses enfants, composés de sept fils et d'une fille, lui survécurent, enfants dont il n'avait aucune raison d'avoir honte. Son compagnon, John Evans, qui, par amour pour lui, avait déserté son navire et s'était caché pour rester avec Buffett, est décédé en décembre de la même année 1891, à un âge très avancé, soigné avec tendresse et amour. pour sa seule fille survivante et ses enfants.

Dans ce récit de décès, il convient de mentionner celui d'un autre qui n'a joué un rôle important dans la recherche d'élever le statut social du peuple dont il était le maître d'école des enfants. M. Thomas Rossiter, qui remplit fidèlement pendant de nombreuses années les lourdes fonctions d'enseignant d'une grande école de l'île Norfolk, fonctions pour lesquelles il était éminemment qualifié, céda après quelque temps sa place à d'autres. Son décès est survenu en 1893. L'école est maintenant dirigée par M. Alfred Nobbs, fils du révérend GH Nobbs, assisté de quelques autres professeurs.

Quelques mots encore sur la grande mortalité liée à l'épidémie qui résulta si fatalement parmi les habitants de l'île Pitcairn pendant les mois d'août, septembre et octobre 1893. À l'exception de trois ou quatre des insulaires, la communauté entière souffrit plus ou moins de la terrible visite. Les missionnaires résidant alors dans l'île échappèrent entièrement à la peste, ce qui était sans doute dû à la belle régularité des habitudes qu'ils pratiquaient sans faille, et dont les résultats remarquables et bienfaisants étaient si visibles au temps de la fièvre. Il ne fait aucun doute que les habitudes irrégulières du peuple, tant en matière de nourriture que de sommeil, ont beaucoup contribué à produire des conséquences aussi effrayantes, et cette question, qui avait auparavant été clairement présentée au peuple par les missionnaires fidèles, mais qui n'avait pas été reçue, la quantité d'attention qu'exigeait son importance était, après la fièvre, plus fortement que jamais imposée au peuple, son propre exemple servant, plus que les préceptes qu'il enseignait, à illustrer la vérité de ses enseignements. Le résultat de tout cela est que maintenant la communauté qui avait négligé pendant si longtemps les principes les plus élémentaires des lois de la santé, commence à se rendre compte qu'elle ne peut pas toujours ignorer ces lois en toute impunité, ni les ignorer sans se blesser gravement - une leçon qui l'expérience la plus triste qu'ils ont traversée n'a servi qu'à approfondir et à impressionner leur esprit, esprit qui jusqu'alors avait été trop indifférent et insouciant à l'égard de ces choses, et trop lent à en comprendre l'importance. Chaque pas fait dans la bonne direction a été, sous Dieu, le résultat des enseignements fidèles de frère Gates et de son épouse, qui, avant leur départ, ont eu la satisfaction de voir une réforme dans les habitudes alimentaires du peuple.

La question a été fréquemment posée de savoir si les gens dégénèrent physiquement à la suite d'une relation trop étroite dans le mariage. A cela il faut répondre par la négative, à moins que, comme quelqu'un l'a observé, la perte des dents de devant, qui est assez générale, ne soit un signe de dégénérescence. Mais, de l'avis de l'auteur, cela est dû au fait qu'on n'a pas prêté une attention plus stricte au soin et à la propreté des dents, et sans doute aussi au fait que les aliments habituellement consommés ne sont pas de nature à les fortifier et à les conserver.

Le gouvernement civil de l'île diffère quelque peu de ce qui a été la coutume pendant des années. Lorsque le *Champion* , navire de guerre, visita l'île en octobre 1892, le capitaine Rooke présida une réunion convoquée pour examiner certaines questions civiles et religieuses, agissant en ce qui concerne les premières conformément à l'opinion du consul britannique à Tahiti. avec qui il s'était consulté à la veille de quitter Tahiti pour l'île de Pitcairn.

Le résultat de la réunion a été le suivant : 1. Il a été proposé et adopté que sept députés soient élus. 2. Ces sept, élus au suffrage général, procéderont ensuite à l'élection parmi eux du prochain magistrat qui exercera ses fonctions chaque année. 3. Il a été suggéré qu'au moins cinq des sept membres se réunissent pour former un quorum pour examiner toute question, tous les sept si la question est très grave.

Certains autres points ont été évoqués et discutés assez longuement, mais il suffit de les mentionner uniquement. Les résolutions proposées furent rapidement mises en œuvre et le plan s'est avéré efficace. Les femmes comme les hommes ont droit de vote.

En ce qui concerne la situation sociale actuelle de la population, quelques mots pourraient être dits. Beaucoup de ceux qui ont visité l'île sont repartis avec l'impression que les habitants privilégiés respirent un air plus pur que les autres et une atmosphère totalement exempte de péché ; mais il est difficile de concevoir comment une telle idée peut être envisagée un instant à propos d'un endroit sur terre habité par un membre de la race déchue d'Adam. La nature humaine est la nature humaine dans le monde entier, et elle est déchue, de sorte que c'est certainement une erreur de penser que, parce qu'elle est si éloignée du reste du monde, aucun vice ou péché d'aucune sorte ne gâche le caractère ou ne dégrade la réputation de l'homme. ceux qui vivent si isolés du monde. Mais Satan a trouvé une entrée dans la maison édénique de nos premiers parents avant qu'ils aient connu l'existence du péché, et qui, héritant de leur nature souillée, oserait espérer échapper à ses pièges ? De plus, comment est-il possible qu'un peuple issu d'une souche aussi avilie qui s'est installée sur l'île il y a plus d'un siècle, et en qui coule le sang de ceux qui ne se sont arrêtés devant aucun crime, puisse avoir un caractère pur et sans tache ? Une belle simplicité caractérise sans aucun doute la vie de la petite communauté qui a grandi sous la garde nourricière de John Adams et, en fait, tout au long d'un siècle, une grande partie de cette simplicité demeure, mais c'est une erreur de chérir l'idée que le péché n'a pas de royaume sur la petite île ; et bien qu'il soit un motif de profonde et humble gratitude envers Dieu d'avoir, par sa miséricorde et grâce à l'aide d'une multitude d' amis chrétiens, empêché le peuple de sombrer dans l'état le plus bas de dégradation et de péché, il est également un fait de Il faut déplorer qu'il y ait parmi le peuple de fortes tendances dans la mauvaise direction, tendances que seule la grâce de Dieu peut contenir.

Les visites du navire missionnaire *Pitcairn,* de l'île de ce nom à l'île Norfolk, sont saluées avec un plaisir non feint, car c'est par ce moyen que les deux communautés si étroitement liées par le sang ont entre elles une certaine communication. Ces visites sont le moyen par lequel les jeunes des deux communautés voient leur intérêt réciproque éveillé. Les liens chers qui unissaient si étroitement les cœurs des membres les plus âgés, bien que rompus par la distance, ne furent jamais perdus de vue, mais il ne fallait guère s'attendre à ce que les membres plus jeunes, grandissant sans aucune connaissance les uns des autres, conservent intacts les mêmes liens. les sentiments d'affection apparentée que possédaient leurs pères et leurs mères, et il est donc reconnaissant que les anciens liens soient ravivés et renforcés.

ANNEXE À LA QUATRIÈME ÉDITION.

L'intérêt manifesté pour cet acarien lointain du Pacifique — l'île Pitcairn — et l'avidité avec laquelle les deux premières éditions de ce livre ont été recherchées ont conduit les éditeurs à publier cette édition améliorée.

Depuis la publication du livre, de nombreux articles concernant Pitcairn ont paru dans les journaux de toutes les régions du pays.

Le New York *World* a envoyé une lettre d'enquête à Miss Young, l'auteur de ce livre, en octobre 1893, et sa réponse a paru dans ce journal sous la date du 13 janvier 1895.

La lettre est d'un tel intérêt général et transmet des nouvelles si récentes de Pitcairn qu'il a été jugé préférable de la publier ci-jointe.

Nous joignons également un article publié dans *Harper's Weekly* du 8 décembre 1894, décrivant une visite effectuée par le capitaine Cornelius A. Davis à Pitcairn en mars 1894. L'article est particulièrement intéressant car il émane d'un observateur désintéressé.

ÉDITEURS.

LETTRE DE MISS YOUNG AU « MONDE DU DIMANCHE ».

ÎLE PITCAIRN , dans le Pacifique Sud,}

18 août 1894.}

Au monde du dimanche —

Il est probable que, tant de temps s'étant écoulé avant que vous receviez une réponse à votre lettre, vous avez tenu pour acquis qu'elle n'était jamais arrivée à destination. Les faits de l'affaire sont qu'il est arrivé ici le 3 février dernier, après avoir été envoyé de San Francisco, de là à Tahiti, et de là à Wellington, en Nouvelle-Zélande, au brigantin *Pitcairn* , notre navire missionnaire, qui a amené ici à la date indiquée ci-dessus.

On aurait dû y répondre en février, et la réponse vous a été envoyée *via Pitcairn* , à destination de San Francisco, où elle est arrivée vers la fin du mois de mars, mais ayant alors sous la main un nombre considérable d'écrits qu'il était absolument nécessaire que je termine, j'ai été obligé de laisser certaines de mes lettres sans réponse, la vôtre. parmi les autres, puis, dans l'inévitable hâte et agitation qui résulte de la prise de congé, il a été oublié jusqu'à il y a un jour ou deux.

Veuillez pardonner ma négligence, qui n'était pas intentionnelle, car je ne crois pas qu'il faille ignorer la correspondance de qui que ce soit, et je me croirais coupable d'impolitesse en n'envoyant pas de réponse à quiconque devrait montrer suffisamment d'intérêt pour nous et pour notre île. histoire de demander toute information qu'il est en mon pouvoir de donner.

Je répondrai avec plaisir à vos questions, pour les lecteurs du grand *Sunday World* , et j'espère qu'elles pourront vous satisfaire, mais, d'abord, un fait ou deux me concernant peuvent s'avérer intéressants.

Je suis jeune (un des descendants des premiers colons), mais je n'ai plus d'âge, ayant terminé ma quarante et unième année il y a cinq jours, le 13 janvier. A la date où votre lettre a été écrite, le 26 octobre, je venais de passer la crise d'un typhus fiévreux qui avait fait douze victimes parmi nous, parmi eux mon honoré et bien-aimé père, et, outre lui, deux frères. , une sœur et une nièce.

En ce qui concerne le souhait exprimé dans une ou plusieurs de mes lettres publiées que vous avez mentionnées, *c'est-à-dire* celui de rendre visite un jour au monde extérieur, ou plutôt à une partie de celui-ci, ce souhait reste toujours insatisfait. Le père de ma mère était un Anglais qui, à l'âge de vingt-six ans, décida de s'associer à la petite poignée d'enfants des mutins qui, en 1823, étaient gouvernés d'une manière sorte patriarcale par le seul survivant de la guerre. mutins, John Adams.

Lui, Adams lui-même, illettré et ignorant, avait, après la mort de tous ses compagnons, la plupart d'entre eux ayant été assassinés, pris conscience de la grande responsabilité qui reposait sur lui, avec la jeune communauté grandissante entre ses mains, et quand, en 1823, un baleinier, le *Cynes* , fit escale ici, il exprima le souhait sincère que quelqu'un éprouve suffisamment de sympathie pour lui et pour les enfants pires que orphelins qu'il s'efforçait de diriger, selon la meilleure lumière qu'il avait. devait, vers Dieu et le bien, rester et l'assister.

Mon grand-père, John Buffett, est resté, et depuis que je me souviens qu'il parlait de sa maison d'enfance à Bristol, en Angleterre, j'ai souhaité un jour y aller. Ce cher espoir est abandonné. J'avais une sœur qui s'est mariée et a emmené ses deux petits garçons à Cardigan, au Pays de Galles, chez son mari, et elle est décédée très près de la première maison de notre grand-père, mais c'est tout.

Depuis qu'elle est partie au Pays de Galles, il y a plus de huit ans, mon cœur a sincèrement exprimé le souhait de leur rendre visite, mais ma sœur est décédée en avril 1887, après y avoir été seulement onze mois, et mon souhait sincère et ardent revoir mes chers petits neveux ne sera jamais réalisé.

J'ai reçu de fréquentes invitations de la part de nombreux amis chers et estimés pour visiter l'Amérique, mais je ne vois pas encore de voie ouverte. J'avais fait ma malle prête à partir en Californie l'année dernière, mais des circonstances imprévues l'ont empêché. Cinq des nôtres de cette île sont partis, mais je n'en étais pas un, même si cela m'a profondément affligé. Tous ceux qui y sont allés sont revenus, à l'exception d'un jeune homme maintenant scolarisé à Healdsburg, et d'une charmante petite fille adoptée un temps par un ministre et sa femme, qui ont vécu ici, un M. et une Mme Gates. Je vais maintenant aborder et répondre, dans l'ordre régulier, aux points de votre lettre sur lesquels vous demandez des informations. Premièrement, le travail scolaire.

Voici comment j'ai pu me connecter à ce travail—il me faudra remonter de nombreuses années en arrière pour commencer par le début : dans les années 1857-1858, deux familles, n'étant pas entièrement satisfaites du changement de vie sur l'île Norfolk, ils ont quitté cet endroit et sont revenus ici, dans leur ancienne maison. Ces familles étaient composées de quinze ou seize personnes, Moses Young et sa famille, et Mayhew Young et sa famille, qui étaient pour la plupart les enfants de l'ancien mari de la femme, un McCoy. Cela peut vous intéresser de savoir que Mayhew doit son nom au capitaine Mayhew Folger, le capitaine américain qui a découvert, en 1808, que cette île était habitée par les enfants des mutins.

Eh bien, pour être bref, mon propre père, Simon Young (je ne peux pas commencer à vous dire à quel point il était bon), estimant que les enfants des deux familles qui étaient revenues pour la première fois avaient besoin de quelqu'un pour s'occuper de leurs affaires éducatives et spirituelles, a décidé qu'il ferait l'effort de revenir aussi et ferait ce qu'il pourrait pour eux. Ses propres avantages éducatifs avaient été très limités, mais il en avait fait le meilleur usage qu'il pouvait et avait enseigné aux enfants, alors qu'il était sur l'île Norfolk, l'art, au moins, de lire, d'écrire et les quatre principales règles de l'art. arithmétique. Ainsi, en décembre 1863, notre famille et quelques autres ont quitté l'île Norfolk pour revenir ici, arrivant au début de février 1864.

Nous avons laissé derrière nous une bonne école et un bon professeur, et je n'ai jamais cessé de regretter que je n'ai jamais eu le privilège d'avoir suivi un programme d'études régulier, pour mieux pouvoir accomplir ce qui a été depuis lors l'œuvre de ma vie, car je n'étais qu'un dix heures lorsque mon retour ici fut effectué.

Dès que possible, mon père s'est mis à enseigner du mieux qu'il pouvait aux quelques enfants et adolescents et, vers l'âge de quatorze ans, j'ai commencé à l'aider en faisant apprendre aux plus jeunes l'alphabet et les premières leçons de lecture. Je n'ai eu aucun privilège en matière d'éducation et je fais seulement de mon mieux, avec le succès que l'on connaîtra dans l'au-delà.

En février 1893, Miss Hattie Andre, une jeune femme tout juste diplômée d'une université du Michigan, arriva ici pour prendre en charge l'école. Mon père bien-aimé et honoré, âgé de soixante-neuf ans, se retira alors du travail, le laissant entre les mains de Miss André et de moi-même. Elle compte environ trente-quatre jeunes parmi ses membres et j'enseigne à vingt et un des plus jeunes enfants, âgés de sept à quatorze ans, deux d'entre eux étant des garçons dano-espagnols de Mangareva, une des îles Gambier. Leur sœur fréquente l'école de Miss André.

Vous vous renseignez sur notre croyance religieuse. Lorsque John Adams entreprit de tenter d'élever dans la justice la jeune communauté naissante, ses seules aides à l'éducation étaient une Bible et un livre de prière commune, sauvés de la *générosité* . Avec ces moyens extrêmement limités, il apprit, avec beaucoup de succès, à lire aux jeunes gens et, instituant une sorte de services religieux, il s'inspire très naturellement de la liturgie de l'Église d'Angleterre.

C'est ce que nous avions suivi jusqu'en octobre 1886, lorsque nous, en tant que corps, et après dix ans de recherche « si ces choses étaient ainsi » et de lutte contre les préjugés les plus infondés et déraisonnables, nous nous sommes unis à cette église connue sous le nom de Septième Église. Adventistes du jour – septième jour parce que nous croyons et prêchons la lettre du quatrième commandement du décalogue, et adventistes parce que nous croyons à la venue prochaine de notre Seigneur et Sauveur Jésus-Christ sur les nuées du ciel pour emmener ses vrais disciples avec lui. .

À notre avis, c'est l'explication de tant de choses que le monde dans son ensemble subit actuellement et qui semblent si mystérieuses à ceux qui n'étudient pas les prophéties de la parole de Dieu.

Vous avez très justement jugé que nous sommes assez bien informés, grâce aux journaux et aux amis, qui de temps à autre, en route vers différents ports, nous contactent, sur ce qui se passe dans le monde, mais nous n'avons aucun moyen de correspondance régulier. Nos amis à l'étranger profitent des voyages occasionnels de notre petit bateau missionnaire pour nous envoyer des lettres et tout autre chose, car il vient toujours directement chez nous après avoir quitté la Californie. Elle arrive le 17 ult., et se propose de faire un retour rapide en Amérique (s'il n'est pas vendu, comme cela a été convenu), où elle se trouvera vers la fin de l'année en cours.

Plusieurs de nos collaborateurs ont visité certaines des îles voisines et certains sont allés en Angleterre et en sont revenus, mais je ne pense pas que les mots « insatisfaits de notre sort » puissent s'appliquer correctement à qui que ce soit ici. En ce qui me concerne personnellement, je suis tellement amoureux de la vie libre et naturelle dont je jouis ici que je ne l'échangerais pas volontiers contre une autre, tout comme j'apprécierais une visite sur vos côtes et voir en réalité la vie des monde dont j'ai tant lu – la vie dans toutes ses phases, de la vie de « société » aux tons élevés jusqu'à la vie la plus basse. Pour que je ne me sente pas « surpris » pour décrire correctement mes impressions.

Oui, le mariage est – dois-je le dire ? – engagé parmi notre peuple, les différents noms de famille étant au nombre de sept. Young, McCoy et Christian font partie des familles d'origine, et ceux qui sont arrivés plus tard sont Buffett, Warren, Butler et Coffin, les trois derniers étant américains, et seul le tout dernier, Coffin, est toujours en vie. Je pense que dans un passé lointain, il y a eu de curieuses « histoires d'amour » qui s'avéreraient très intéressantes à lire, et à ma connaissance, il y en a plusieurs qui constitueraient une bonne base pour des histoires très divertissantes si quelqu'un était trouvé pour les tisser.

Depuis l'époque de John Adams jusqu'à la dernière cérémonie de mariage qui a eu lieu ici – c'était en 1889 (il me semble vous voir sourire au long espace qui intervient) – la forme utilisée a été celle de l'Église d'Angleterre. Dans les années 80, les jeunes semblaient penser que la fin principale de l'homme et de la femme, ou plutôt du garçon et de la fille, était le mariage ; et à peine étaient-ils arrivés au domaine de l'homme et de la femme, certainement pas au domaine de la sagesse et de la prudence, que le mariage fut contracté. À l'heure actuelle, et cela me réjouit de le voir, on fait plus d'efforts pour s'instruire que pour se marier, et nous avons toute une société de jeunes hommes et femmes qui pensent plus à tirer ce qu'ils peuvent de leurs manuels scolaires qu'à étant liés pour la vie les uns aux autres.

Je ne connais pas exactement le nombre d'habitants ici à l'heure actuelle, mais je pense qu'après les quatorze décès survenus l'année dernière, la population n'est plus que d'environ 136, la plus grande partie étant des enfants de moins de seize ans.

Il est tout à fait universellement admis parmi les peuples du monde, en dehors de notre petit coin de terre, que la monnaie frappée est un article presque inouï, inconnu et, bien sûr, inutilisé parmi nous, mais tels ne sont pas les faits réels dans cette affaire. Nos circonstances nous permettent d'exister, en ce qui concerne les nécessités de la vie, sans utiliser d'argent, *c'est-à-dire* en ce qui concerne la nourriture, le carburant, l'eau et nos maisons, mais pour nous vêtir, nous dépendons du produit de notre île, que nous vendons, quand l'occasion s'en présente, à un commerçant qui passe ici et nous apporte nos provisions par là. En plus de cela, de nombreux amis ont contribué de temps en temps très largement à notre confort en cadeaux de vêtements et d'autres choses que nous ne pouvons pas nous procurer ici.

Notre « étalon de valeur » est le dollar américain et les livres, shillings et pence anglais, sur lesquels aucune réduction n'est faite ici, car nous sommes des sujets anglais. Cela vous amuserait de voir combien et combien diverses sont les pièces de monnaie qui passent entre nos mains, et dont la valeur nous intrigue souvent. Comme nous ne sommes pas en mesure d'obtenir (sauf dans les cas où nous recevons la visite d'un navire de guerre britannique) plus de quelques centimes à la fois, en échange de fruits et d'objets de curiosité, nous ne le faisons pas, comme le font les écoles du sabbat à l'étranger, contribuent chaque semaine, mais les dix sous, quarts, shillings et pence qui peuvent être obtenus auprès des navires de passage sont soigneusement thésaurisés pour le don trimestriel.

Nous avons une école du sabbat de 125 membres, âgés de deux à soixante-douze ans ; et heureux l'enfant, ainsi que l'adulte, qui a une offrande de l'ordre d'un quart à donner au début de chaque trimestre. Nous sommes heureux à la pensée de notre petite « contribution » au navire missionnaire *Pitcairn* , le premier à être construit et utilisé dans l'intérêt des Adventistes du Septième Jour, et que notre école du sabbat soit autonome.

Nos divertissements consistent, je puis dire, dans un changement d'occupations. Une manière particulière de s'amuser, penserez-vous, mais en réalité notre temps est trop occupé de tant de manières différentes pour avoir du temps ou de l'envie même pour des divertissements qui ne sont que des divertissements. Si les garçons peuvent avoir assez de poudre pour faire exploser leurs fusils à leur guise, ils ne demandent pas de plus grand plaisir, et une source de plaisir infatigable pour les jeunes d'ici est de se rassembler autour d'un orgue et de passer du temps à chanter sur l'accompagnement de l'instrument.

Vous demandez si un photographe est déjà venu sur nos côtes. Oui, il y en a beaucoup, et de nombreuses vues ont été prises, non seulement des paysages variés, mais aussi des gens, pour la plupart en groupes. En mars dernier, un capitaine américain, le capitaine Davis, était ici et passait la plupart de son temps à prendre des photos. Entre autres, il prit celui de Miss André et de son école, et celui de moi et de mes petits garçons et filles aux pieds nus.

Les messieurs et dames mentionnés ci-dessus, M. et Mme Gates, vivaient avec nous depuis dix-huit mois, et en février dernier, au moment de leur départ, j'ai donné à M. Gates une copie manuscrite d'un petit ouvrage que j'étais en train d'écrire, le faits liés à l'histoire de cette île depuis l'époque où elle était habitée par les mutins *du Bounty* jusqu'à nos jours. Je ne me limitais pas à un travail solide, mais j'écrivais seulement à de longs intervalles, de sorte que ce qui aurait dû être terminé en peu de temps s'éternisait sur une durée de six ans. Peut-être que certaines des vues photographiques prises ici serviront à illustrer ce petit ouvrage. Il devrait être sous presse maintenant, s'il n'est pas déjà sorti, et sera publié sous forme de livre - une affaire très simple et modeste - à Pacific Press, Oakland, Californie, où vous pourrez en obtenir un exemplaire si vous en avez. assez d'intérêt pour en commander un.

J'ai déjà écrit plus longtemps que j'aurais dû le faire, et je crains que ma longue lettre ne mette à rude épreuve votre patience, mais vos questions ont reçu une réponse assez longue, j'espère donc que vous excuserez mon empiètement sur votre temps précieux pour lire tout cela. produit de ma plume.

Je serai heureux de vous faire écrire quand vous le voudrez, et aussi d'apprendre quand vous recevrez cette lettre.

Cordialement,
ROSALIND A. YOUNG .

UNE VISITE DE L'ÎLE PITCAIRN.

Lorsque le capitaine Cornelius A. Davis, de la goélette à cinq mâts *Governor Ames* — la seule goélette de sa classe au monde, ainsi que le plus grand navire longitudinal existant — jeta l'ancre au large de l'île Pitcairn, à quatre mille milles au sud. de San Francisco, il y a quelques mois, il a eu la surprise de se retrouver nommément accueilli par une délégation d'insulaires qui montait à bord. Les habitants de la petite île historique ont l'habitude de surveiller de près tous les navires qui passent, et dès qu'un bateau est aperçu au large, un bateau se dirige vers elle, lui apportant des salutations amicales et l'offre de toute assistance qui pourrait être nécessaire. . De chaque capitaine, on obtient des nouvelles du navire qu'il a laissé dans le dernier port, ainsi que la date probable de son départ ; de sorte que dans la majorité des cas, lorsqu'un navire atteint Pitcairn, il est immédiatement reconnu, et le capitaine découvre qu'il n'a pas besoin d'être présenté à ses nouveaux amis insulaires, car tels qu'ils se révèlent très vite l'être. Il est invité à débarquer et à profiter du meilleur de l'île, et l'impression qu'il emporte avec lui est toujours agréable. Le capitaine Davis dit qu'il aurait été heureux de rester sur l'île deux ou trois jours s'il avait eu une bonne excuse pour le faire, mais après avoir obtenu des fruits frais pour l'équipage, il s'est senti obligé de reprendre son voyage. Puget Sound avait été abandonné trente-cinq jours plus tôt, et Liverpool était encore à cent vingt-neuf jours.

Il n'y a peut-être pas d'incident plus pittoresque dans les annales de l'aventure maritime que la mutinerie à bord du navire britannique *Bounty* , en 1789, et le débarquement ultérieur de plusieurs mutins sur l'île Pitcairn, un bout de terre qui avait été découvert il y a quelque temps. ans auparavant par Carteret, et nommé d'après l'aspirant qui l'a aperçu pour la première fois depuis l'en-tête du mât. Ces mutins, craignant d'être punis, résolurent de se cacher du monde et recherchèrent donc cet endroit isolé et, avec un certain nombre d'hommes et de femmes polynésiens, fondèrent une nouvelle communauté loin des voies commerciales ordinaires. Au début, selon les rares récits historiques qui nous sont parvenus, il y eut des émeutes et des réjouissances sur l'île, mais peu à peu l'élément le plus grossier de la population disparut, et lorsque le navire américain *Topaz* redécouvrit le petit village en 1808, il semble avoir été ordonné et prospère. Depuis plus d'une demi-génération, la localisation des mutins du *Bounty* était un mystère, et leur redécouverte à cette époque suscita beaucoup d'intérêt, notamment en Angleterre. C'était comme si la mer avait rendu ses morts. Tout ce qui concernait la petite bande de terre de l'extrême Pacifique a été salué avec intérêt et, au cours des quatre-vingt-six années qui ont suivi, de nombreux livres et articles décrivant cette île et ses habitants ont été écrits. Dans quelques semaines, un autre volume sera publié en Californie par les Adventistes du Septième Jour, qui ont récemment réussi à convertir les insulaires à leur foi. Autrefois, ils étaient associés à l'Église d'Angleterre.

La communauté d'aujourd'hui est un modèle à bien des égards. Depuis l'époque des vaillants mutins, un grand changement s'est produit, et on dit que personne sur l'île ne s'adonne jamais aux boissons intoxicantes, au tabac ou aux grossièretés. Une église et une école rudimentaires – la structure montrée dans deux des illustrations accompagnant cet article – ont été érigées, et l'un des descendants des premiers colons prêche régulièrement à tous les membres de la colonie, car aller à l'église est considéré comme une question de cours sur Pitcairn ; et d'ailleurs il n'y a pas beaucoup d'autres divertissements. Quand on sait qu'il n'y a qu'environ cent trente habitants sur toute l'île, et que l'île mesure à peine trois milles de longueur, il est facile de comprendre le manque d'agitation qui caractérise parfois la vie là-bas. Et pourtant, un esprit de loyauté intense imprègne la communauté. Personne n'a le moindre désir de déménager définitivement ailleurs, et ceux qui visitent les États-Unis et la Grande-Bretagne le font simplement pour se préparer à un travail plus utile dans leur pays. L'autre jour, le jeune Henry Christian, descendant du chef de la mutinerie à bord du *Bounty* , est arrivé à San Francisco, où il était venu pour suivre des études dans une école américaine, mais il ne fait aucun doute que il reviendra en temps voulu à Pitcairn. Avec lui était également venu le président de l'île, James R. McCoy ; car les insulaires élisent un officier portant ce titre, bien qu'ils soient sous la domination nominale de l'Angleterre. La reine Victoria leur a envoyé deux canots de sauvetage il y a quelques années, et ceux-ci sont constamment utilisés pour aborder les navires qui mouillent au large. Un drapeau britannique flotte également sur l'un des sommets de l'île, le mât étant planté dans la bouche d'un des vieux canons dont était équipé le *Bounty* .

Le capitaine Davis est un photographe amateur expert et il a réussi, au cours de son séjour de quelques heures sur l'île, à obtenir des vues admirables sur les gens et leurs environs. L'une de ces vues [voir page <u>231</u>] montre la plupart des habitants adultes groupés autour de Miss Andre, une jeune femme de l'Ohio, qui assiste le ministre indigène dans son travail religieux, et instruit les hommes et les femmes de la communauté dans les branches ordinaires de la religion. éducation. Le capitaine Davis a écouté une leçon de géographie bien récitée le jour où il était là-bas, et il dit que ces étudiants adultes semblaient intelligents et désireux d'apprendre. Leurs visages sont forts et impressionnants, et s'il y a une trace considérable de sang « Kanaka » sur la plupart des visages, d'autres sont tout à fait caucasiens. Le mélange de races totalement différentes a, dans ce cas au moins, abouti à une souche robuste, ingénieuse et autonome.

L'école primaire est dirigée par Miss Rosa Young, originaire de Pitcairn et auteur du livre descriptif de l'île qui est sur le point d'être publié. Elle est rédactrice en chef de l'île et institutrice, écrivant de temps en temps une chronique de la communauté, qui passe d'un peuple à l'autre. Il n'y a pas d'imprimerie sur l'île, et c'est le seul témoignage contemporain de ses activités dont bénéficie la colonie. Mais alors, avec seulement cent trente personnes à suivre, il ne fait aucun doute que tous ceux qui le souhaitent s'arrangent pour être assez bien signalés. À deux reprises, Pitcairn a été désertée par ses habitants, pour une raison ou une autre, et les habitants actuels descendent pour la plupart de deux familles qui sont revenues sur l'île en 1858. En 1830, les quatre-vingt-sept personnes qui y résidaient alors ont été déplacées vers Tahiti par peur de la sécheresse, et bien que le laxisme moral de ce dernier lieu les perturbât tellement qu'ils retournèrent à Pitcairn l'année suivante, ils entreprirent en 1856 un deuxième pèlerinage, cette fois à l'île Norfolk, où beaucoup d'entre eux ou leurs descendants aujourd'hui en direct. Cependant, William et Moses Young, ainsi que leurs familles, semblent avoir regretté Pitcairn et y sont donc retournés.

Le lieu de débarquement indiqué sur l'une des images [voir page <u>27</u>] sur une autre page se trouve à Bounty Bay, où les premiers colons de l'île ont détruit leur navire il y a plus de cent ans et où, comme le montre l'illustration, de nombreux les habitants se sont rassemblés pour dire au revoir au capitaine Davis. De cet endroit part un sentier qui mène à la colonie elle-même, qui se trouve à trois ou quatre cents pieds au-dessus du niveau de la mer. La rue principale est bordée de palmiers et les chaumières de chaque côté témoignent de l'économie et de la prospérité. Il n'y a ni vaches ni bœufs sur l'île, mais les chèvres sont nombreuses, et comme le terrain est escarpé et rocailleux par endroits, ces animaux au pied sûr sont sans doute mieux adaptés aux besoins des hommes. Les oranges poussent en abondance, tout comme les patates douces, les ignames, les bananes et les ananas. Le capitaine Davis dit que le dîner offert en son honneur chez le missionnaire de l'Avent était copieux et excellent.

En ces jours de précipitation et d'agitation, il est rafraîchissant d'apercevoir une communauté arcadienne comme celle-ci, dont le petit monde est très éloigné de toutes nos tendances modernes en matière de civilisation. Il n'y a

ni téléphone ni télégraphe sur l'île Pitcairn ; aucun câble océanique n'apporte du continent lointain les nouvelles d'une guerre ou d'une catastrophe à l'autre bout du globe. Presque aucun des habitants n'a jamais vu un train ou une lumière électrique, et probablement aucun d'entre eux n'a jamais pénétré dans un théâtre. Les journaux et les magazines qu'ils lisent datent d'il y a plusieurs semaines lorsqu'ils arrivent à Pitcairn, et la plupart de ce qu'ils contiennent doit être aussi inintelligible que le grec pour les insulaires. Que savent-ils des matchs de football universitaire ? ou jusqu'à quel point peuvent-ils comprendre l'excitation d'une élection présidentielle ? Ils forment un peuple à part et leur horizon est délimité par la mer et le ciel sans limites.
— *Henry Robinson Palmer, dans Harper's Weekly, 8 décembre 1894.*